DESCUBRE 2

Lengua y cultura del mundo hispánico

TEACHER'S EDITION

Cuaderno de actividades comunicativas

VISTA®
HIGHER LEARNING

Student Text ISBN: 978-1-68004-636-6
Teacher's Edition ISBN: 978-1-68004-660-1

2 3 4 5 6 7 8 9 PP 21 20 19 18 17

Table of Contents

communication activities — Lección 1

Estudiante 1

9 **Crucigrama (*Crossword puzzle*)** (student text p. 21) Tú y tu compañero/a tienen un crucigrama incompleto. Tú tienes las palabras que necesita tu compañero/a y él/ella tiene las palabras que tú necesitas. Tienen que darse pistas (*clues*) para completarlo. No pueden decir la palabra necesaria; deben utilizar definiciones, ejemplos y frases incompletas.

> **modelo**
> **10 horizontal:** La usamos para hablar.
> **14 vertical:** Es el médico que examina los dientes.

The crossword grid contains the following filled letters:

- 1 vertical: E, M, B, A, R, A, Z, A, D, A
- 2 (horizontal, row at top) / 3 vertical: O, J, O
- 4 horizontal / 5 vertical: F, A, R, M, A, C, I, A
- 6 horizontal
- 7 horizontal: A S P I R I N A
- 9 vertical: R, E, C, E, T, A
- 11 horizontal: N A R I Z
- 13 vertical: H, O, S, P, I, T, A, L
- 14 vertical: D, E, N, T, I, S, T, A
- 15 vertical: C, L, Í, N, I, C, A
- 16 horizontal
- 17 vertical: T, O, B, I, L, L, O
- 18 horizontal / 19 vertical: D, E, D, O
- 20 horizontal: O

communication activities

Lección 1

Estudiante 2

Communication Activities

9 **Crucigrama (*Crossword puzzle*)** (student text p. 21) Tú y tu compañero/a tienen un crucigrama incompleto. Tú tienes las palabras que necesita tu compañero/a y él/ella tiene las palabras que tú necesitas. Tienen que darse pistas (*clues*) para completarlo. No pueden decir la palabra necesaria; deben utilizar definiciones, ejemplos y frases incompletas.

> **modelo**
> **10 horizontal:** La usamos para hablar.
> **14 vertical:** Es el médico que examina los dientes.

communication activities

Lección 1

Estudiante 1

6 **En el consultorio** (student text p. 31) Tú y tu compañero/a tienen una lista incompleta con los pacientes que fueron al consultorio del doctor Donoso ayer. En parejas, conversen para completar sus listas y saber a qué hora llegaron las personas al consultorio y cuáles eran sus problemas.

Hora	Persona	Problema
9:15	La Sra. Talavera	dolor de cabeza
	Eduardo Ortiz	
	Mayela Guzmán	
10:30	El Sr. Gonsalves	dolor de oído
	La profesora Hurtado	
3:00	Ramona Reséndez	nerviosa
	La Srta. Solís	
4:30	Los Sres. Jaramillo	tos

communication activities
Lección 1

Estudiante 2

6 **En el consultorio** (student text p. 31) Tú y tu compañero/a tienen una lista incompleta con los pacientes que fueron al consultorio del doctor Donoso ayer. En parejas, conversen para completar sus listas y saber a qué hora llegaron las personas al consultorio y cuáles eran sus problemas.

Hora	Persona	Problema
	La Sra. Talavera	
9:45	Eduardo Ortiz	dolor de estómago
10:00	Mayela Guzmán	congestionada
	El Sr. Gonsalves	
11:00	La profesora Hurtado	gripe
	Ramona Reséndez	
4:00	La Srta. Solís	resfriado
	Los Sres. Jaramillo	

communication activities   Lección 2

Estudiante 1

6 **¡Tanto que hacer!** (student text p. 67) Aquí tienes una lista de diligencias (*errands*). Algunas las hiciste tú y algunas las hizo tu compañero/a. Las diligencias que ya hiciste tú tienen esta marca ✔. Pero quedan cuatro diligencias por hacer. Dale mandatos a tu compañero/a, y él/ella responde para confirmar si hay que hacerla o ya la hizo.

> **modelo**
>
> **Estudiante 1:** Llena el tanque.
> **Estudiante 2:** Ya llené el tanque. / ¡Ay no! Tenemos que llenar el tanque.

1. llamar al mecánico
✔ 2. ir al centro
✔ 3. revisar el aceite del carro
4. salir para el aeropuerto
5. hacer ejercicio (*to exercise*) en el gimnasio
6. apagar la computadora
7. no grabar el programa de televisión hasta las 8:00
✔ 8. estacionar cerca de la casa
9. almorzar en el cibercafé con Paquita
10. no imprimir las páginas hasta el sábado
✔ 11. encontrar el disco compacto de Miguel
12. arreglar el reproductor de DVD
✔ 13. cargar (*to charge*) el teléfono celular
14. enviarle a tía Lupe las fotos de la fiesta de Alicia

Escribe las cuatro diligencias por hacer. Elige las dos que quieras hacer tú y dile a tu compañero/a que no tiene que hacerlas, usando mandatos negativos.

> **modelo**
>
> No llenes el tanque. Lo lleno yo.

1. _____
2. _____
3. _____
4. _____

Lección 2 Communication Activities   **5**

Communication Activities

communication activities

Lección 2

Estudiante 2

6 **¡Tanto que hacer!** (student text p. 67) Aquí tienes una lista de diligencias (*errands*). Algunas las hiciste tú y algunas las hizo tu compañero/a. Las diligencias que ya hiciste tú tienen esta marca ✔. Pero quedan cuatro diligencias por hacer. Dale mandatos a tu compañero/a, y él/ella responde para confirmar si hay que hacerla o ya la hizo.

modelo

Estudiante 1: Llena el tanque.
Estudiante 2: Ya llené el tanque. / ¡Ay no! Tenemos que llenar el tanque.

> ✔ 1. llamar al mecánico
> 2. ir al centro
> 3. revisar el aceite del carro
> 4. salir para el aeropuerto
> ✔ 5. hacer ejercicio (*to exercise*) en el gimnasio
> 6. apagar la computadora
> ✔ 7. no grabar el programa de televisión hasta las 8:00
> 8. estacionar cerca de la casa
> ✔ 9. almorzar en el cibercafé con Paquita
> 10. no imprimir las páginas hasta el sábado
> 11. encontrar el disco compacto de Miguel
> 12. arreglar el reproductor de DVD
> 13. cargar (*to charge*) el teléfono celular
> ✔ 14. enviarle a tía Lupe las fotos de la fiesta de Alicia

Escribe las cuatro diligencias por hacer. Elige las dos que quieras hacer tú y dile a tu compañero/a que no tiene que hacerlas, usando mandatos negativos.

modelo

No llenes el tanque. Lo lleno yo.

1. _____
2. _____
3. _____
4. _____

communication activities

Lección 2

Estudiante 1

 ¿De quién es? Tu amiga Cecilia va a mudarse a otra ciudad. Hay cosas en su apartamento que pertenecen (*belong*) a ella, a tu compañero/a y a ti. Tú y tu compañero/a deben intercambiar la información que tienen para saber de quién son las cosas.

> **modelo**
>
> **Estudiante 1:** ¿Esta cámara de video es de Cecilia?
> **Estudiante 2:** No, no es suya, es...

  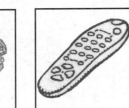  

yo _____   _____   Cecilia   _____

Cecilia   mi compañero/a y yo   _____   yo   _____

Ahora, con frases completas, escribe de quién es cada cosa.

_____

_____

_____

_____

_____

_____

_____

_____

communication activities

Lección 2

Estudiante 2

 ¿De quién es? Tu amiga Cecilia va a mudarse a otra ciudad. Hay cosas en su apartamento que pertenecen (*belong*) a ella, a tu compañero/a y a ti. Tú y tu compañero/a deben intercambiar la información que tienen para saber de quién son las cosas.

modelo

> **Estudiante 1:** ¿Esta cámara de video es de Cecilia?
> **Estudiante 2:** No, no es suya, es...

  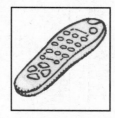  

_____   yo   mi compañero/a   _____   mi compañero/a
                                y yo   y yo

_____   _____   Cecilia   _____   yo

Ahora, con frases completas, escribe de quién es cada cosa.

_____

_____

_____

_____

_____

_____

_____

communication activities

Lección 3

Estudiante 1

9 **¡Corre, corre!** (student text p. 93) Aquí tienes una serie incompleta de dibujos que forman una historia. Tú y tu compañero/a tienen dos series diferentes. Descríbanse los dibujos para completar la historia.

> **modelo**
>
> **Estudiante 1:** Marta quita la mesa.
> **Estudiante 2:** Francisco...

¿Por qué están Marta y Francisco limpiando con tanta prisa? ¿Qué pasó?

_____

_____

_____

_____

_____

Communication Activities

communication activities

Lección 3

Estudiante 2

9 **¡Corre, corre!** (student text p. 93) Aquí tienes una serie incompleta de dibujos que forman una historia. Tú y tu compañero/a tienen dos series diferentes. Descríbanse los dibujos para completar la historia.

> **modelo**
> **Estudiante 1:** Marta quita la mesa.
> **Estudiante 2:** Francisco...

¿Por qué están Marta y Francisco limpiando con tanta prisa? ¿Qué pasó?

_____

_____

_____

_____

communication activities

Estudiante 1

 Investigación Tu compañero/a y tú son detectives de la policía. Túrnense (*take turns*) para pedir al señor Medina, su asistente, que reúna (*collect*) la evidencia para el caso que quieren resolver. Tú empiezas.

> **modelo**
> no olvidar la cámara de la oficina
> *No olvide la cámara de la oficina.*

1. en el jardín, sacar la llave de la mesita / abrir la puerta de la cocina
3. ir al balcón / traer la almohada
5. bajar a la sala / no limpiar la cafetera / ponerla en una bolsa
7. apagar la luz / salir al jardín / cerrar la puerta

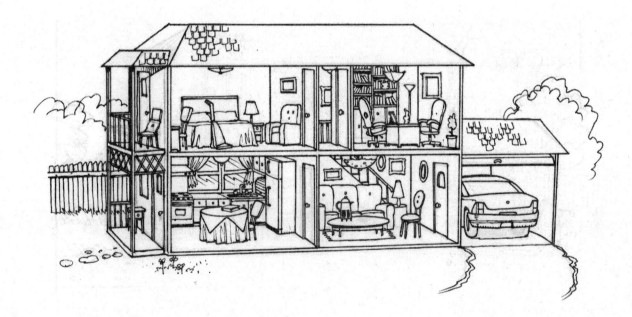

Escribe los lugares que visitó el señor Medina en el orden correcto.

_____

_____

_____

_____

_____

_____

_____

communication activities

Lección 3

Estudiante 2

 Investigación Tu compañero/a y tú son detectives de la policía. Túrnense (*take turns*) para pedir al señor Medina, su asistente, que reúna (*collect*) la evidencia para el caso que quieren resolver. Tu compañero/a empieza.

> **modelo**
> no olvidar la cámara de la oficina
> *No olvide la cámara de la oficina.*

2. subir al dormitorio / sentarse en el sillón / tomar una foto / pasar la aspiradora
4. entrar a la oficina / buscar una taza en el estante
6. ir a la cocina / tomar el libro
8. poner la llave en la mesita / llevar todas las cosas al carro

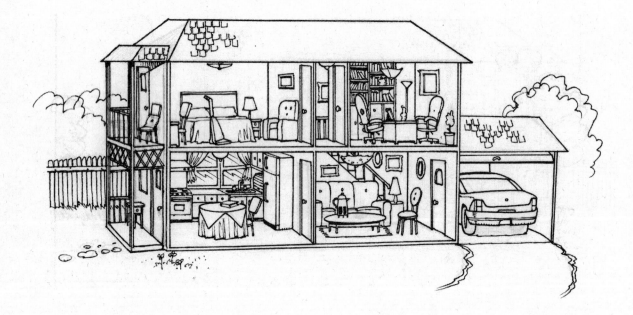

Escribe los lugares que visitó el señor Medina en el orden correcto.

_____

_____

_____

_____

_____

_____

communication activities

Estudiante 1

 5

No te preocupes (student text p. 141) Estás muy preocupado/a por los problemas del medio ambiente y le comentas a tu compañero/a todas tus preocupaciones. Él/ella va a darte la solución adecuada a tus preocupaciones. Cada uno/a de ustedes tiene una hoja distinta con la información necesaria para completar la actividad.

> **modelo**
>
> **Estudiante 1:** Me molesta que las personas tiren basura en las calles.
> **Estudiante 2:** Por eso es muy importante que los políticos hagan leyes para conservar las ciudades limpias.

Dile a tu compañero/a cada una de tus preocupaciones utilizando los siguientes dibujos. Utiliza también las palabras de la lista.

a  b  c

d  e  f

Vocabulario útil

es una lástima	es triste	ojalá (que)
es ridículo	esperar	temer
es terrible	molestar	tener miedo (de)

Ahora, con tu compañero/a escriban cuatro frases originales, basadas en la actividad, utilizando el subjuntivo.

1. _____

2. _____

3. _____

4. _____

communication activities

Lección 4

Estudiante 2

5

No te preocupes (student text p. 141) Estás muy preocupado/a por los problemas del medio ambiente y le comentas a tu compañero/a todas tus preocupaciones. Él/ella va a darte la solución adecuada a tus preocupaciones. Cada uno/a de ustedes tiene una hoja distinta con la información necesaria para completar la actividad.

> **modelo**
>
> **Estudiante 1:** Me molesta que las personas tiren basura en las calles.
> **Estudiante 2:** Por eso es muy importante que los políticos hagan leyes para conservar las ciudades limpias.

Dale a tu compañero/a la solución a cada una de sus preocupaciones utilizando los siguientes dibujos. Tienes que identificar la mejor solución para cada una de sus preocupaciones. Utiliza también las palabras de la lista.

a    b    c

d    e    f

Vocabulario útil

Es bueno que...	Es mejor que...	Es urgente que...
Es importante que...	Es necesario que...	

Ahora, con tu compañero/a escriban cuatro frases originales, basadas en la actividad, utilizando el subjuntivo.

1. _____

2. _____

3. _____

4. _____

communication activities

Estudiante 1

 El medio ambiente Tu compañero/a y tú son ambientalistas (*environmentalists*) y van a escribir una carta al/a la dueño/a de una empresa que contamina. Primero escribe las frases en la forma correcta, luego compártelas con tu compañero/a para organizarlas por pares.

1. es cierto / nuestra organización / estudiar la ecología de la zona

_____

2. no creemos / el río Santa Rosa / estar limpio

_____

3. no cabe duda de / su empresa / contaminar también el aire

_____

4. es probable / muchos animales y plantas / morir por la contaminación

_____

5. en cuanto / empezar a cuidar la naturaleza…

_____

Con tus frases y las de tu compañero/a, escriban la carta al/a la empresario/a. Añadan detalles o frases donde sean necesarios, para que su carta sea lógica y cortés (*polite*).

_____ (día/mes/año)

Sr(a). _____:

_____

_____

_____

_____

_____

_____

_____

Atentamente,

_____ y _____

Communication Activities

communication activities   **Lección 4**

Estudiante 2

El medio ambiente Tu compañero/a y tú son ambientalistas (*environmentalists*) y van a escribir una carta al/a la dueño/a de una empresa que contamina. Primero escribe las frases en la forma correcta, luego compártelas con tu compañero/a para organizarlas por pares.

1. creer / haber muchas formas de reducir las emisiones de gas

_____

2. nosotros podemos enviarle información para / ayudar al medio ambiente

_____

3. estar seguro de / ir a aumentar (*increase*) sus ventas (*sales*)

_____

4. es posible / su empresa poder manejar el desecho (*waste*) líquido de otra forma

_____

5. a menos / su empresa / proteger las especies del área…

_____

Con tus frases y las de tu compañero/a, escriban la carta al/a la empresario/a. Añadan detalles o frases donde sean necesarios, para que su carta sea lógica y cortés (*polite*).

_____ (día/mes/año)

Sr(a). _____ :

_____
_____
_____
_____
_____
_____
_____

Atentamente,

_____ y _____

communication activities

Lección 5

Estudiante 1

6 **Busca los cuatro** (student text p. 175) Aquí tienes una hoja con ocho anuncios clasificados; tu compañero/a tiene otra hoja con ocho anuncios distintos a los tuyos. Háganse preguntas para encontrar los cuatro anuncios de cada hoja que tienen su respuesta en la otra.

modelo
> **Estudiante 1:** ¿Hay alguien que necesite una alfombra?
> **Estudiante 2:** No, no hay nadie que necesite una alfombra.

CLASIFICADOS

BUSCO un apartamento de dos cuartos, cerca del metro, con jardín. Mejor si tiene lavaplatos nuevo. Tel. 255-0228
1 _____

QUIERO un novio guapo y simpático. Me gusta leer mucho, y mi hombre ideal también debe amar la literatura. La edad no importa. Soy alta con pelo negro, me encanta bucear y trabajo en una oficina de correos. Tel. 559-8740
5 _____

SE VENDE una alfombra persa, 3 metros x 2 metros, colores predominantes azul y verde. Precio muy bajo, pero podemos regatear. Pagar en efectivo. caribenavega@inter.ve
2 _____

OFREZCO un perro gran danés de dos años. Me mudo a Maracaibo y prohíben tener perros en mi nuevo apartamento. Llamar al 386-4443.
6 _____

NECESITO reproductor de DVD en buenas condiciones. Debe tener control remoto. Llame al 871-0987.
3 _____

BUSCAMOS una casa en la playa, no muy lejos de Caracas. Acabamos de jubilarnos y deseamos vivir al norte, entre el mar y la ciudad. Tel. 645-2212
7 _____

TENGO un automóvil Ford, modelo Focus, y quiero venderlo lo antes posible. Sólo 8.000 kilómetros, casi nuevo, color negro. Tel. 265-1739
4 _____

SE REGALA un gato siamés de muy buen carácter. ¡Gratis! Es muy limpio y amable. Se llama Patitas y tiene 3 años. susana388@correo.com
8 _____

1. Menciona lo que se ofrece en los anuncios.

_____

_____

2. Menciona lo que se necesita en los anuncios.

_____

_____

_____

3. ¿Cuáles son los anuncios que corresponden a los de tu compañero/a?

_____

_____

_____

Lección 5 Communication Activities | **17**

Communication Activities

communication activities

Lección 5

Estudiante 2

6

Busca los cuatro (student text p. 175) Aquí tienes una hoja con ocho anuncios clasificados; tu compañero/a tiene otra hoja con ocho anuncios distintos a los tuyos. Háganse preguntas para encontrar los cuatro anuncios de cada hoja que tienen su respuesta en la otra.

> **modelo**
>
> **Estudiante 1:** ¿Hay alguien que necesite una alfombra?
> **Estudiante 2:** No, no hay nadie que necesite una alfombra.

CLASIFICADOS

SE OFRECE la colección completa de los poemas de Andrés Eloy Blanco. Los libros están en perfecta condición. Se los regalo al primer interesado. superpoeta@correo.com
a _____

QUIERO un gato porque soy viuda y me siento sola. Adoro los gatos siameses. Escríbame: avenida Teresa Carreño 44, Caracas.
e _____

BUSCO una novia simpática y con muchos intereses. Me encantan los deportes acuáticos y todo tipo de literatura. Tengo 35 años, soy alto y me gusta el cine mexicano. Llame al 982-1014.
b _____

ALQUILAMOS un apartamento de dos cuartos con jardín y garaje. La cocina está remodelada con lavaplatos moderno. La línea de metro queda a sólo tres cuadras. Llamar al 451-3361 entre 15 y 18h.
f _____

VENDEMOS nuestros muebles de sala, estilo clásico: sofá, dos mesitas y tres lámparas. Excelente condición. Tel. 499-5601
c _____

SE BUSCA un carro para hijo adolescente, no muy caro porque aprendió a manejar hace muy poco. Prefiero un auto usado pero con pocos kilómetros. Escriba a jprivero@inter.ve
g _____

NECESITAMOS camareros para nuevo restaurante en el centro de Valencia. Conocimiento de las especialidades culinarias venezolanas obligatorio. Llamar entre 10 y 17h al 584-2226.
d _____

TENGO una computadora portátil para vender. Tiene mucha memoria y lista para conectar a Internet. Puede pagarme a plazos. Para más detalles llame al 564-3371.
h _____

1. Menciona lo que se ofrece en los anuncios.

_____
_____
_____

2. Menciona lo que se necesita en los anuncios.

_____
_____
_____

3. ¿Cuáles son los anuncios que corresponden a los de tu compañero/a?

_____
_____
_____

communication activities

Estudiante 1

 La fiesta de Laura Tu compañero/a y tú tienen que hacer varias diligencias para la fiesta de cumpleaños de su amiga Laura. Cada uno/a de ustedes tiene una lista diferente de las diligencias que tienen que hacer. Con mandatos de **nosotros/as** y las siguientes imágenes, dile a tu compañero/a lo que tienen que hacer. Escribe los mandatos de tu compañero/a en los espacios en blanco para completar el cuadro.

1 cobrar el cheque	2	3 ir a la tienda de música
4	5 comprarlo	6
7 acordarse de buscar una tarjeta	8	9 ir a la pastelería
10	11 llevarlo a casa	12
13 limpiar la sala y la cocina	14	15 prender el estéreo

communication activities

Lección 5

Estudiante 2

 La fiesta de Laura Tu compañero/a y tú tienen que hacer varias diligencias para la fiesta de cumpleaños de su amiga Laura. Cada uno/a de ustedes tiene una lista diferente de las diligencias que tienen que hacer. Con mandatos de **nosotros/as** y las siguientes imágenes, dile a tu compañero/a lo que tienen que hacer. Escribe los mandatos de tu compañero/a en los espacios en blanco para completar el cuadro.

1	2 ir al centro comercial	3
4 escuchar el disco de Enrique Iglesias	5	6 pagarlo en efectivo
7	8 escoger la más bonita	9
10 comprar el pastel de chocolate	11	12 ponerlo en la cocina
13	14 vestirse para la fiesta	15

communication activities   **Lección 5**

Comunicación

5

Encuesta (student text p. 175) Circula por la clase y pregúntales a tus compañeros/as si conocen a alguien que haga cada actividad de la lista. Si responden que sí, pregúntales quién es y anota sus respuestas. Luego informa a la clase los resultados de tu encuesta.

> **modelo**
>
> trabajar en un supermercado
> **Estudiante 1:** ¿Conoces a alguien que trabaje en un supermercado?
> **Estudiante 2:** Sí, conozco a alguien que trabaja en un supermercado.
> **Estudiante 1:** ¿Quién es?
> **Estudiante 2:** Es mi hermano menor.

Actividades	Nombres	Respuestas
1. conocer muy bien su ciudad		
2. hablar japonés		
3. graduarse este año		
4. necesitar un préstamo		
5. pedir prestado un carro		
6. odiar ir de compras		
7. ser venezolano/a		
8. manejar una motocicleta		
9. trabajar en una zapatería		
10. no tener tarjeta de crédito		
11. ¿?		
12. ¿?		

communication activities

Estudiante 1

10 **El gimnasio perfecto** (student text p. 197) Tú y tu compañero/a quieren encontrar el gimnasio perfecto. Tú tienes el anuncio del gimnasio Bienestar y tu compañero/a tiene el del gimnasio Músculos. Hazle preguntas a tu compañero/a sobre las actividades que se ofrecen en el otro gimnasio. Cada uno de ustedes tiene una hoja distinta con la información necesaria para completar la actividad.

> **modelo**
> **Estudiante 1:** ¿Se ofrecen clases para levantar pesas?
> **Estudiante 2:** Sí, para levantar pesas se ofrecen clases todos los lunes a las seis de la tarde.

Estudiante 1: *Eres una persona activa.*

Hazle preguntas a tu compañero/a sobre el gimnasio Músculos, usando las palabras de la lista.

Vocabulario útil

clases	estiramiento	sufrir presiones
entrenadores	horario	tipos de ejercicio

GIMNASIO BIENESTAR
¡Para llevar una vida sana!

Moderna sala de pesas

Muchas máquinas para ejercicios cardiovasculares

Tenemos clases de

Todos los días de 5:00 p.m. a 7:00 p.m.
¡Ven hoy mismo!

Tenemos diferentes seminarios cada mes. **¡No te los pierdas!**

En enero:
• Seminario de nutrición
• Seminario para dejar de fumar

Promoción del mes: Servicio de masajes por sólo 250 pesos

¡Además tenemos 50 televisores para que veas tus programas favoritos mientras haces ejercicios!

Con tu compañero/a, contesten las siguientes preguntas:

1. ¿Tienen ustedes las mismas necesidades en el gimnasio? ¿Cuáles son las diferencias?

_____

_____

2. ¿Los dos llevan una vida sana? ¿Por qué?

_____

_____

3. Ahora, escribe cuatro recomendaciones para tu compañero/a.

a. _____ c. _____

b. _____ d. _____

Communication Activities

communication activities

Lección 6

Estudiante 2

10 **El gimnasio perfecto** (student text p. 197) Tú y tu compañero/a quieren encontrar el gimnasio perfecto. Tú tienes el anuncio del gimnasio Músculos y tu compañero tiene el del gimnasio Bienestar. Hazle preguntas a tu compañero/a sobre las actividades que se ofrecen en el otro gimnasio. Cada uno de ustedes tiene una hoja distinta con la información necesaria para completar la actividad.

> **modelo**
> **Estudiante 1:** ¿Se ofrecen clases para levantar pesas?
> **Estudiante 2:** Sí, para levantar pesas se ofrecen clases todos los lunes a las seis de la tarde.

Estudiante 2: *Eres una persona sedentaria.*

Hazle preguntas a tu compañero/a sobre el gimnasio Bienestar, usando las palabras de la lista.

Vocabulario útil

adelgazar	fumar	masajes
clases de poca duración	levantar pesas	ver la televisión

Los lunes a las 6:00 p.m.:

Clases de levantar pesas
Disfruta de nuestras clases de

todos los lunes, miércoles y viernes
de 6:00 p.m. a 6:30 p.m. y clases de
boxeo los martes a las 4:00 p.m.

GIMNASIO MÚSCULOS
Para personas fuertes

Y para aliviar la tensión, los viernes ofrecemos masajes.

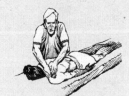

¡Te esperamos!

Todos los días hay entrenadores para ayudarte.

No te pierdas nuestros seminarios de este mes:
• Seminario para aliviar el estrés
• Seminario para mejorar tus ejercicios de estiramiento

¡Ven también los sábados y domingos! El gimnasio está abierto de 9:00 a.m. – 6:00 p.m.

Con tu compañero/a, contesten las siguientes preguntas:

1. ¿Tienen ustedes las mismas necesidades en el gimnasio? ¿Cuáles son las diferencias?

_____

_____

2. ¿Los dos llevan una vida sana? ¿Por qué?

_____

_____

3. Ahora, escribe cuatro recomendaciones para tu compañero/a.

a. _____ c. _____

b. _____ d. _____

communication activities

Lección 6

Communication Activities

Estudiante 1

 ¿A favor o en contra? (*For or against?*) Analiza con tu compañero/a las posibilidades que tiene Margarita de mejorar su calidad de vida. Tú crees que su calidad de vida **SÍ** puede mejorar. Dile a tu compañero/a las razones por las cuales estás "a favor" y, con una frase diferente de la lista, tu compañero/a comenta cada una de las razones por las cuales él/ella está "en contra". Conecta sus razones y las tuyas con **porque**. Inventa las dos últimas razones. Sigue el modelo. Tú empiezas.

> **modelo**
>
> **Estudiante 1:** Margarita ha adelgazado treinta libras desde el año pasado.
> **Estudiante 2:** Es probable que haya adelgazado treinta libras desde el año pasado, pero ha engordado quince libras en dos semanas.
> **Estudiante 1:** Es imposible que haya engordado quince libras en dos semanas, porque ha reducido mucho el número de calorías diarias que consume. (*Continue the flow of reasons.*)

No puedo creer que…	No es posible que…	No es probable que…
Es imposible que…	No estoy seguro/a de que…	Es difícil de creer que…
Dudo que…	No creo que…	Es poco probable que…

A FAVOR

- Ha adelgazado treinta libras (*pounds*) desde el año pasado.
- Ha reducido mucho el número de calorías diarias que consume.
- Ha tratado de no comer dulces ni grasas.
- Ha empezado a comer alimentos (*foods*) ricos en vitaminas.
- Siempre ha disfrutado de muy buena salud.
- Nunca ha tenido problemas de estrés.
- Ha decidido mantenerse en forma.
- Siempre ha corrido cinco millas los fines de semana.
- _____
- _____

Ahora, con tu compañero/a, escriban una lista con las tres cosas más importantes que **NO** debe hacer Margarita y las que **SÍ** debe hacer y debe seguir haciendo para llevar una vida sana y mejorar su calidad de vida.

_____

_____

_____

_____

_____

Communication Activities

communication activities

Lección 6

Estudiante 2

 ¿A favor o en contra? (*For or against?*) Analiza con tu compañero/a las posibilidades que tiene Margarita de mejorar su calidad de vida. Tú crees que su calidad de vida **NO** puede mejorar. Dile a tu compañero/a las razones por las cuales estás "en contra" y, con una frase diferente de la lista, tu compañero/a comenta cada una de las razones por las cuales él/ella está "a favor". Conecta sus razones y las tuyas con **pero**. Inventa las dos últimas razones. Sigue el modelo. Tu compañero/a empieza.

> **modelo**
>
> **Estudiante 1:** Margarita ha adelgazado treinta libras desde el año pasado.
>
> **Estudiante 2:** Es probable que haya adelgazado treinta libras desde el año pasado, pero ha engordado quince libras en dos semanas.
>
> **Estudiante 1:** Es imposible que haya engordado quince libras en dos semanas, porque ha reducido mucho el número de calorías diarias que consume. (*Continue the flow of reasons.*)

Es probable que…	Es posible que…	Es necesario que…
Es bueno que…	Me alegro de que…	Es importante que…
Me gusta que…	Temo que…	

EN CONTRA

- Ha engordado quince libras (*pounds*) en dos semanas.
- Ha aumentado su nivel de colesterol.
- No ha aprendido a comer una dieta equilibrada.
- Nunca le han gustado las verduras.
- Ha fumado y comido en exceso durante muchos años.
- Ha empezado a consumir alcohol.
- No ha hecho ejercicio en toda su vida.
- Siempre ha llevado una vida sedentaria.
- _____
- _____

Ahora, con tu compañero/a, escriban una lista con las tres cosas más importantes que **NO** debe hacer Margarita y las que **SÍ** debe hacer y debe seguir haciendo para llevar una vida sana y mejorar su calidad de vida.

_____

_____

_____

_____

communication activities

Comunicación

4 **Lo dudo** (student text p. 210) Escribe cinco oraciones, algunas ciertas y algunas falsas, sobre cosas que habías hecho antes de venir a esta escuela. Luego, en grupos, túrnense para leer sus oraciones. Cada miembro del grupo debe decir "es cierto" o "lo dudo" después de cada una. Escribe el nombre de tus compañeros/as y su reacción en la columna apropiada. ¿Quién obtuvo más respuesta ciertas?

modelo

Oraciones	Nombre: Miguel	Nombre: Ana	Nombre: Beatriz
1. Cuando tenía 10 años, ya había manejado el carro de mi papá.	Lo dudo.	Es cierto.	Lo dudo.

Oraciones	Nombre:	Nombre:	Nombre:
1.			
2.			
3.			
4.			
5.			

communication activities

Lección 7

Estudiante 1

6 **El futuro de Cristina** (student text p. 241) Aquí tienes una serie incompleta de dibujos sobre el futuro de Cristina. Tú y tu compañero/a tienen dos series diferentes. Háganse preguntas y respondan de acuerdo a los dibujos para completar la historia.

> **modelo**
>
> **Estudiante 1:** ¿Qué hará Cristina en el año 2025?
> **Estudiante 2:** Ella se graduará en el año 2025.

Ahora, con tu compañero/a, imaginen lo que harán ustedes en los siguientes años. Utilicen estos verbos: **hacer, poder, poner, querer, saber, salir, tener** y **venir.**

1. 2030: _____

2. 2035: _____

3. 2045: _____

4. 2055: _____

Lección 7 Communication Activities

Communication Activities

communication activities
Lección 7

Estudiante 2

6

El futuro de Cristina (student text p. 241) Aquí tienes una serie incompleta de dibujos sobre el futuro de Cristina. Tú y tu compañero/a tienen dos series diferentes. Háganse preguntas y respondan de acuerdo a los dibujos para completar la historia.

> **modelo**
>
> **Estudiante 1:** ¿Qué hará Cristina en el año 2025?
> **Estudiante 2:** Ella se graduará en el año 2025.

Ahora, con tu compañero/a, imaginen lo que harán ustedes en los siguientes años. Utilicen estos verbos: **hacer, poder, poner, querer, saber, salir, tener** y **venir.**

1. 2030: _____

2. 2035: _____

3. 2045: _____

4. 2055: _____

communication activities

Estudiante 1

La entrevista El mes pasado tu profesor(a) te dio ocho consejos de lo que **SÍ** debes hacer en tu próxima entrevista de trabajo. A tu compañero/a le dio ocho consejos de lo que **NO** debe hacer. Averígualos (*Find out what they are*) y toma notas. Sigue el modelo. Tú empiezas, pero antes de empezar, añade dos consejos más a tu lista.

> **modelo**
>
> **Consejo:** No llegues tarde.
> **Estudiante 1:** ¿Qué te aconsejó el/la profesor(a) que no hicieras?
> **Estudiante 2:** Me aconsejó que no llegara tarde.

- Infórmate bien sobre la empresa.
- Sé agradable con el/la entrevistador(a).
- Muestra interés por la empresa.
- Habla sobre tu proyecto profesional.
- Escucha atentamente cada pregunta.
- Responde a las preguntas con naturalidad y seguridad.
- Haz preguntas pertinentes al puesto y a la empresa.
- Menciona tus logros (*achievements*) y experiencias profesionales.
- ¿? _____
- ¿? _____

Ahora, escribe los diez consejos que aprendiste de tu compañero/a para completar tu lista.

1. No llegues tarde. _____
2. _____
3. _____
4. _____
5. _____

6. _____
7. _____
8. _____
9. _____
10. _____

communication activities
Lección 7

Estudiante 2

La entrevista El mes pasado tu profesor(a) te dio ocho consejos de lo que **NO** debes hacer en tu próxima entrevista de trabajo. A tu compañero/a le dio ocho consejos de lo que **SÍ** debe hacer. Averígualos (*find out what they are*) y toma notas. Sigue el modelo. Tu compañero/a empieza, pero antes de empezar, añade dos consejos más a tu lista.

> **modelo**
>
> **Consejo:** Infórmate bien sobre la empresa.
> **Estudiante 2:** Y a ti, ¿qué te aconsejó el/la profesor(a) que hicieras?
> **Estudiante 1:** A mí me aconsejó que me informara bien sobre la empresa.

- No llegues tarde.
- No lleves bluejeans.
- No uses perfume/agua de colonia (*cologne*).
- No llegues bebiendo ni café ni un refresco.
- No te muestres nervioso/a.
- No pongas cara de miedo.
- No digas mentiras.
- No hables mal de nadie.
- ¿? _____
- ¿? _____

Ahora, escribe los diez consejos que aprendiste de tu compañero/a para completar tu lista.

1. Infórmate bien sobre la empresa. _____   6. _____
2. _____   7. _____
3. _____   8. _____
4. _____   9. _____
5. _____   10. _____

Communication Activities

communication activities

Comunicación

3

Encuesta (student text p. 243) Pregúntales a tres compañeros/as para cuándo habrán hecho las cosas relacionadas con sus futuras carreras que se mencionan en la lista. Toma nota de las respuestas y luego comparte con la clase la información que obtuviste.

modelo

Estudiante 1: ¿Para cuándo habrás terminado tus estudios, Carla?
Estudiante 2: Para el año que viene, habré terminado mis estudios.
Estudiante 1: Carla habrá terminado sus estudios para el año que viene.

Actividades	Nombre	Nombre	Nombre
1. elegir una carrera			
2. aprender a escribir un buen currículum			
3. comenzar a desarrollar contactos con empresas			
4. decidir el tipo de puesto que quiere			
5. ¿?			
6. ¿?			

communication activities

Lección 8

Estudiante 1

8 **Crucigrama (*Crossword puzzle*)** (student text p. 265) Tú y tu compañero/a tienen un crucigrama incompleto. Tú tienes las palabras que necesita tu compañero/a y él/ella tiene las palabras que tú necesitas. Sin revelar las palabras, utilicen pistas (*clues*) que les permitan adivinar las respuestas.

modelo

1 horizontal: Fiesta popular que generalmente tiene lugar en las calles de las ciudades.

2 vertical: Novelas que puedes ver en la televisión.

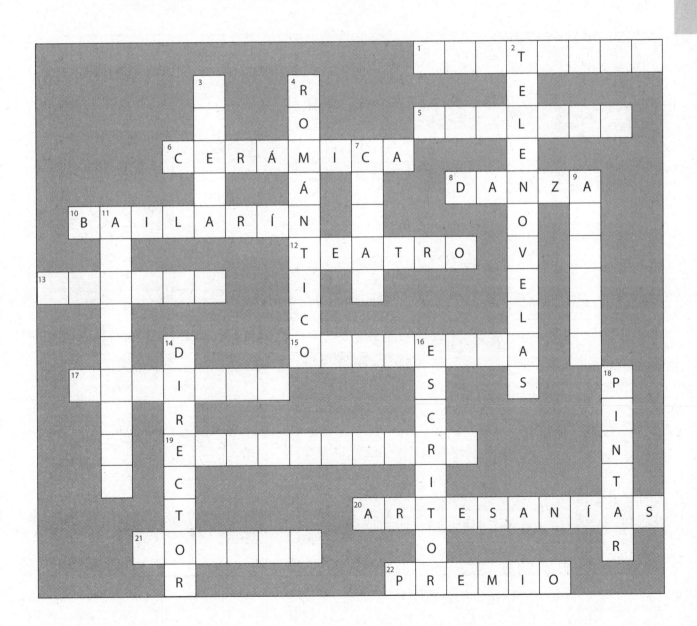

communication activities   **Lección 8**

Communication Activities

Estudiante 2

8 **Crucigrama (*Crossword puzzle*)** (student text p. 265) Tú y tu compañero/a tienen un crucigrama incompleto. Tú tienes las palabras que necesita tu compañero/a y él/ella tiene las palabras que tú necesitas. Sin revelar las palabras, utilicen pistas (*clues*) que les permitan adivinar las respuestas.

> **modelo**
>
> **1 horizontal:** Fiesta popular que generalmente tiene lugar en las calles de las ciudades.
>
> **2 vertical:** Novelas que puedes ver en la televisión.

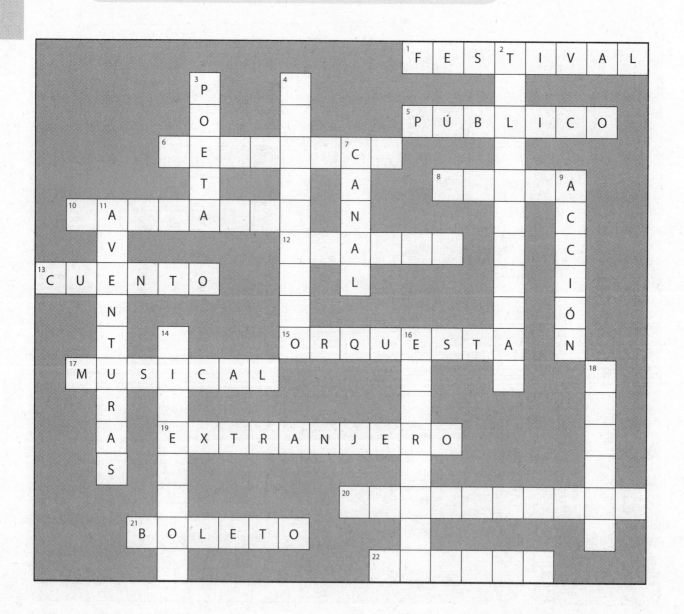

communication activities

Estudiante 1

S.O.S. ¡Tienes correo! Has recibido un mensaje electrónico de tu amigo Ernesto. Él necesita tu ayuda. Léelo y, con tus propias palabras, explícale su problema a tu compañero/a. Después, pregúntale qué habría hecho para evitar el problema que tiene Ernesto y qué haría ahora en su lugar. Tu compañero/a empieza. Escucha el problema de su amiga Marisol y ofrécele tus sugerencias.

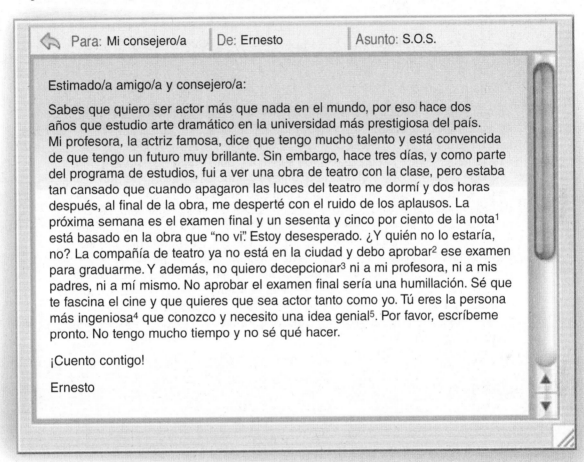

Para: Mi consejero/a | De: Ernesto | Asunto: S.O.S.

Estimado/a amigo/a y consejero/a:

Sabes que quiero ser actor más que nada en el mundo, por eso hace dos años que estudio arte dramático en la universidad más prestigiosa del país. Mi profesora, la actriz famosa, dice que tengo mucho talento y está convencida de que tengo un futuro muy brillante. Sin embargo, hace tres días, y como parte del programa de estudios, fui a ver una obra de teatro con la clase, pero estaba tan cansado que cuando apagaron las luces del teatro me dormí y dos horas después, al final de la obra, me desperté con el ruido de los aplausos. La próxima semana es el examen final y un sesenta y cinco por ciento de la nota[1] está basado en la obra que "no vi". Estoy desesperado. ¿Y quién no lo estaría, no? La compañía de teatro ya no está en la ciudad y debo aprobar[2] ese examen para graduarme. Y además, no quiero decepcionar[3] ni a mi profesora, ni a mis padres, ni a mí mismo. No aprobar el examen final sería una humillación. Sé que te fascina el cine y que quieres que sea actor tanto como yo. Tú eres la persona más ingeniosa[4] que conozco y necesito una idea genial[5]. Por favor, escríbeme pronto. No tengo mucho tiempo y no sé qué hacer.

¡Cuento contigo!

Ernesto

[1]*grade* [2]*pass* [3]*disappoint* [4]*resourceful* [5]*brilliant*

Ahora, contesta el correo electrónico de Ernesto con algunas sugerencias de tu compañero/a y algunas tuyas también. Sé imaginativo/a.

_____

_____

_____

_____

_____

_____

_____

_____

communication activities Lección 8

Estudiante 2

S.O.S. ¡Tienes correo! Has recibido un mensaje electrónico de tu amiga Marisol. Ella necesita tu ayuda. Léelo y, con tus propias palabras, explícale su problema a tu compañero/a. Después, pregúntale qué habría hecho para evitar el problema que tiene Marisol y qué haría ahora en su lugar. Tú empiezas. Luego, ayuda a tu compañero/a a solucionar el problema de su amigo Ernesto.

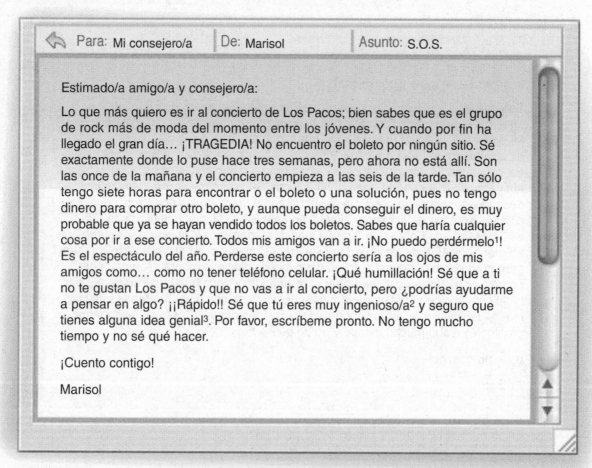

> **Para:** Mi consejero/a   **De:** Marisol   **Asunto:** S.O.S.
>
> Estimado/a amigo/a y consejero/a:
>
> Lo que más quiero es ir al concierto de Los Pacos; bien sabes que es el grupo de rock más de moda del momento entre los jóvenes. Y cuando por fin ha llegado el gran día… ¡TRAGEDIA! No encuentro el boleto por ningún sitio. Sé exactamente donde lo puse hace tres semanas, pero ahora no está allí. Son las once de la mañana y el concierto empieza a las seis de la tarde. Tan sólo tengo siete horas para encontrar o el boleto o una solución, pues no tengo dinero para comprar otro boleto, y aunque pueda conseguir el dinero, es muy probable que ya se hayan vendido todos los boletos. Sabes que haría cualquier cosa por ir a ese concierto. Todos mis amigos van a ir. ¡No puedo perdérmelo[1]! Es el espectáculo del año. Perderse este concierto sería a los ojos de mis amigos como… como no tener teléfono celular. ¡Qué humillación! Sé que a ti no te gustan Los Pacos y que no vas a ir al concierto, pero ¿podrías ayudarme a pensar en algo? ¡¡Rápido!! Sé que tú eres muy ingenioso/a[2] y seguro que tienes alguna idea genial[3]. Por favor, escríbeme pronto. No tengo mucho tiempo y no sé qué hacer.
>
> ¡Cuento contigo!
>
> Marisol

[1]*miss it*   [2]*resourceful*   [3]*brilliant*

Ahora, contesta el correo electrónico de Marisol con algunas sugerencias de tu compañero/a y algunas tuyas también. Sé imaginativo/a.

_____

_____

_____

_____

_____

_____

_____

_____

communication activities
Lección 8

Estudiante 1

4 **Conversaciones** (student text p. 275) Aquí y en la hoja de tu compañero/a se presentan dos listas con diferentes problemas que supuestamente tienen los estudiantes. En parejas, túrnense para explicar los problemas de su lista; uno/a cuenta lo que le pasa y el/la otro/a dice lo que haría en esa situación usando la frase "Yo en tu lugar..." (*If I were you...*).

> **modelo**
>
> **Estudiante 1:** ¡Qué problema! Mi novio no me habla desde el domingo.
> **Estudiante 2:** Yo en tu lugar, no le diría nada por unos días para ver qué pasa.

1. El año pasado decidí estudiar la contabilidad cuando vaya a la universidad. Ahora he descubierto que no me gusta trabajar con números todo el día, pero mis padres quieren que yo sea contador(a).

   _____

   _____

   _____

   _____

2. Una amiga mía me pidió que fuera con ella y su familia de vacaciones. Hemos comprado los pasajes de avión y tenemos reservación en el hotel, pero mi novio/a quiere que yo pase TODO el verano con él/ella.

   _____

   _____

   _____

   _____

3. Mi novio/a es maravilloso/a, pero se fue a estudiar al extranjero (*abroad*) por un año. Me siento solo/a y me aburro. El otro día un(a) chico/a muy atractivo/a me invitó a ir al teatro. Le dije que sí.

   _____

   _____

   _____

   _____

Communication Activities

Estudiante 2

4 **Conversaciones** (student text p. 275) Aquí y en la hoja de tu compañero/a se presentan dos listas
con diferentes problemas que supuestamente tienen los estudiantes. En parejas, túrnense para explicar
los problemas de su lista; uno/a cuenta lo que le pasa y el/la otro/a dice lo que haría en esa situación
usando la frase "Yo en tu lugar..." (*If I were you...*).

> **modelo**
> **Estudiante 1:** ¡Qué problema! Mi novio no me habla desde el domingo.
> **Estudiante 2:** Yo en tu lugar, no le diría nada por unos días para ver qué pasa.

1. Me ofrecen un puesto interesantísimo, con un buen sueldo y excelentes beneficios, pero tiene un
   horario horrible. No volveré a ver a mis amigos jamás.

   _____

   _____

   _____

   _____

   _____

2. Hice una fiesta cuando mis padres estaban visitando a mis abuelos en Florida y alguien robó su
   colección de discos de jazz. Mis padres vuelven esta tarde de su viaje.

   _____

   _____

   _____

   _____

   _____

3. Estoy con una alergia terrible y creo que tengo fiebre. Tengo que terminar de preparar la
   presentación que voy a hacer mañana en la clase de historia. Y tengo que levantarme tempranísimo
   porque mi padre va a llevarme a la escuela a las 6:30 de la mañana.

   _____

   _____

   _____

   _____

   _____

communication activities   **Lección 8**

Síntesis

6 **Encuesta** (student text p. 275) Circula por la clase y pregúntales a tres compañeros/as qué actividad(es) de las que se describen les gustaría realizar. Usa el condicional de los verbos. Anota las repuestas e informa a la clase de los resultados de la encuesta.

modelo

> **Estudiante 1:** ¿Harías el papel de un loco en una obra de teatro?
> **Estudiante 2:** Sí, lo haría. Sería un papel muy interesante.

Actividades	Nombre:	Nombre:	Nombre:
1. escribir poesía			
2. bailar en un festival			
3. tocar en una banda			
4. hacer el papel principal en un drama			
5. participar en un concurso en la televisión			
6. cantar en un musical			

communication activities   **Lección 9**

Estudiante 1

 ¿Qué pasaría? En parejas, formen seis oraciones. Tú tienes los principios y tu compañero/a tiene los finales. Sigue estos pasos. La primera oración ya está hecha. Después escriban su propia oración utilizando el vocabulario de la lección.

> **modelo**
>
> **Estudiante 1:** Conjuga todos los verbos entre paréntesis. Lee en voz alta el principio de la primera oración.
>
> **Estudiante 2:** Lee en voz alta uno por uno todos los finales. Entre los dos deben encontrar el final correcto.
>
> **Estudiante 1:** Anota el final que corresponde a ese principio.
>
> **Estudiante 1:** Escucha el final de la siguiente oración que va a leer tu compañero/a.
>
> **Estudiante 1:** Lee uno por uno todos los principios. Entre los dos deben encontrar el principio correcto. Anota el final que corresponde a esa oración. Sigan así, por turnos, hasta que completen todas las oraciones.

1. Si la candidata (ser) más carismática,…
2. La huelga no (durar) tantos días…
3. Si la gente (ser) más civilizada,…
4. Si más personas (entender) que la guerra es un paso de gigante hacia atrás,…
5. Yo (combatir) el racismo…
6. Los medios de comunicación no (emitir) la noticia…
7. Si la cadena de televisión (aceptar) su propuesta,…

Ahora, escribe las oraciones completas.

1. Si la candidata fuera más carismática, su discurso interesaría a más personas jóvenes.
2. _____
   _____
3. _____
   _____
4. _____
   _____
5. _____
   _____
6. _____
   _____
7. _____
   _____

communication activities

Lección 9

Estudiante 2

¿Qué pasaría? En parejas, formen seis oraciones. Tú tienes los finales y tu compañero/a tiene los principios. Sigue estos pasos. La primera oración ya está hecha. Después escriban su propia oración utilizando el vocabulario de la lección.

> **modelo**
>
> **Estudiante 2:** Conjuga todos los verbos entre paréntesis. Escucha el principio de la oración que lee tu compañero/a.
>
> **Estudiante 2:** Lee en voz alta uno por uno todos los finales. Entre los dos deben encontrar el final correcto.
>
> **Estudiante 2:** Anota el principio que corresponde a ese final.
>
> **Estudiante 2:** Lee en voz alta el final de la siguiente oración.
>
> **Estudiante 1:** Lee uno por uno todos los principios. Entre los dos deben encontrar el principio correcto. Anota el principio que corresponde a esa oración. Sigan así, por turnos, hasta que completen todas las oraciones.

---

a. si (poder) participar en la política internacional.
b. tal vez más políticos (luchar) por la paz y la libertad mundial.
c. su discurso (interesar) a más personas jóvenes.
d. los periodistas Alonso y Tomás (preparar) un reportaje sobre el SIDA.
e. si todos (estar) dispuestos a negociar.
f. el ejército no (tener) que intervenir.
g. si no (ser) importante.

Ahora, escribe las oraciones completas.

1. Si la candidata fuera más carismática, su discurso interesaría a más personas jóvenes.

2. _____

3. _____

4. _____

5. _____

6. _____

7. _____

communication activities

Lección 9

Estudiante 1

6 **Dos artículos** (student text p. 313) Tú y tu compañero/a tienen dos artículos: uno sobre una huelga de trabajadores y otro sobre un fenómeno natural. Trabajando en parejas, cada uno escoge y lee un artículo. Luego, háganse preguntas sobre los artículos.

Huelga en fábrica de muebles

AYER los carpinteros de Muebles Montevideo se declararon en huelga cuando el gerente les informó que este año no habría aumento de sueldo.

Es problable que los trabajadores ya tuvieran el plan de huelga. Dijo Antonio Caldera, empleado de la empresa: "Nos enojamos mucho cuando redujeron los beneficios hace tres meses. Pero hasta que anunciaron lo del sueldo, no nos decidimos a hacer la huelga".

La jefa de Muebles Montevideo, la señora Belén Toro, explicó que, por la situación económica del país, la empresa no puede aumentar el sueldo de los trabajadores. Si se aumentaran los sueldos, perderían su empleo unos 110 trabajadores y se quedarían en el paro.

No se sabe cuánto tiempo va a durar la huelga, pero las negociaciones continuarán hasta que ambas partes lleguen a un acuerdo[1]. El alcalde de la ciudad, Juan González, declaró que espera que resuelvan este problema tan pronto como sea posible.

[1]agreement

Hazle estas preguntas a tu compañero/a:

1. ¿Qué tipo de huracán visitó la costa del Pacífico? ¿Cuántas horas duró? ¿Qué daños materiales y personales causó?

_____

_____

2. ¿Por qué crees que el periodista de este artículo escogió el verbo "visitar" para el encabezado de la noticia?

_____

_____

_____

3. ¿Cómo describirías tú lo que pasó si fueras uno de los supervivientes del "huracán pacífico"?

_____

_____

_____

Estudiante 2

 6

Dos artículos (student text p. 313) Tú y tu compañero/a tienen dos artículos: uno sobre una huelga de trabajadores y otro sobre un fenómeno natural. Trabajando en parejas, cada uno escoge y lee un artículo. Luego, háganse preguntas sobre los artículos.

Huracán de categoría 3 "visita" la costa del Pacífico

Historia de un huracán "pacífico"

AYER a primeras horas de la mañana, un huracán sorprendió a los habitantes de cinco islas de la costa del Pacífico. Lo que en un principio comenzó como una típica e inofensiva tormenta tropical, se convirtió inesperadamente[1] en un huracán de categoría media que duró solamente una hora. La magnitud de su potencia arrancó árboles, señales de tráfico, y

[1]*unexpectedly*

causó fracturas a algunas casas, edificios y carreteras, pero, en general, los daños materiales fueron mínimos.

Los habitantes tuvieron tiempo de escapar y gracias a la efectiva intervención de los equipos de rescate no hubo víctimas mortales.

Las cadenas de televisión locales y nacionales transmiten el desarrollo de este incidente que afortunadamente no tuvo consecuencias trágicas. Los

medios de comunicación han bautizado a este fenómeno de la naturaleza con el nombre de "huracán pacífico". Periodistas y fotógrafos de todo el mundo llegaron a la zona afectada para informar sobre el desastre natural que pudo ser y no fue.

Las autoridades piden calma y paciencia, y agradecen a todos los grupos de ayuda y voluntarios su colaboración y solidaridad.

Hazle estas preguntas a tu compañero/a:

1. ¿Qué quieren los trabajadores que están en huelga? _____

_____

2. ¿Qué explicaciones dio la jefa de la compañía sobre el problema? _____

_____

3. ¿Qué harías tú si fueras un(a) empleado/a en esa empresa? _____

_____

¡Qué dolor!   **Lección 1**

Antes de ver el video

1   **Una cita** Look at the image. Where do you think Jimena is? What is happening? Answers will vary.

_____

_____

_____

_____

_____

_____

Mientras ves el video

2   **¿Quién?** Watch **¡Qué dolor!** and use check marks to show who said what.

Expresión	Jimena	Elena	Dr. Meléndez
1. ¿Cuáles son tus síntomas?			✔
2. Tengo un dolor de cabeza terrible.		✔	
3. Empecé a toser esta mañana.	✔		
4. Te voy a mandar algo para la garganta.			✔
5. ¡Es tan sólo un resfriado!	✔		

3   **¿Qué ves?** Place a check mark beside the things you see in the video.

✔ 1. un letrero (*sign*) que dice: "Se prohíbe fumar"   ___ 6. una sala de emergencias

✔ 2. un termómetro   ✔ 7. una receta

✔ 3. pastillas para el resfriado   ___ 8. un antibiótico

✔ 4. una radiografía   ✔ 9. un doctor

✔ 5. un consultorio   ✔ 10. una bolsa de la farmacia

4   **Completar** Write the name of the person who said each sentence and fill in the missing words.

____don Diego____ 1. A mi hermanito le dolía la _____garganta_____ con frecuencia.

____Dr. Meléndez____ 2. ¿Cuánto tiempo hace que tienes estos _____síntomas_____?

____Jimena____ 3. Tengo _____tos_____ y estoy congestionada.

____Elena____ 4. Nunca tenía resfriados, pero me _____rompí_____ el brazo dos veces.

__Sra. Díaz/Carolina__ 5. No tienes _____fiebre_____. ¿Te pusiste un suéter anoche?

Lección 1 Fotonovela Video Activities   **47**

Después de ver el video

5 **Seleccionar** Write the letter of the word or words that match each sentence.

1. __b__ hizo cita con el Dr. Meléndez para llevar a Jimena.

   a. Don Diego   b. La señora Díaz   c. Elena   d. Miguel

2. Jimena puede ir inmediatamente a la __d__ por los medicamentos.

   a. sala de emergencias   b. clínica   c. dentista   d. farmacia

3. Elena toma __a__ para ____.

   a. aspirina; el dolor de cabeza   b. antibióticos; la gripe   c. pastillas; el resfriado

   d. medicamentos; el dolor de estómago

4. Elena dice que el té de jengibre es bueno para el dolor de __a__.

   a. estómago   b. garganta   c. cabeza   d. brazos

5. La señora Díaz dice que a Jimena le dio ____ porque olvidó ponerse un suéter.

   a. fiebre   b. un resfriado   c. dolor de estómago   d. gripe

6. Cuando era niña, Jimena casi no __d__.

   a. tomaba antibióticos   b. tomaba aspirinas   c. se rompía huesos   d. se enfermaba

6 **Preguntas** Answer the following questions in Spanish.

1. ¿Tiene fiebre Jimena? ¿Está mareada?

   No, Jimena no tiene fiebre y no está mareada.

2. ¿Cuánto tiempo hace que a Jimena le duele la garganta? ¿Cuándo empezó a toser?

   Hace dos días que a Jimena le duele la garganta y empezó a toser esta mañana.

3. Según (*According to*) don Diego, ¿qué es lo mejor para los dolores de cabeza?

   Según don Diego, lo mejor para los dolores de cabeza es un vaso con/de agua y una aspirina.

4. ¿Cuantas veces se rompió el brazo Elena?

   Elena se rompió el brazo dos veces.

5. ¿Qué le daban al hermanito de don Diego cuando le dolía la garganta?

   Le daban miel con canela cuando le dolía la garganta.

7 **Preguntas personales** Answer these questions in Spanish. Answers will vary.

1. ¿Te gusta ir al/a la médico/a? ¿Por qué? _____

   _____

2. ¿Tienes muchas alergias? ¿Eres alérgico/a a algún medicamento? _____

   _____

3. ¿Cuándo es importante ir a la sala de emergencias? _____

   _____

4. ¿Qué haces cuando tienes fiebre y te duele la garganta? _____

Video Activities: Fotonovela

En el taller

Lección 2

Antes de ver el video

1 **¿Qué pasa?** In this image, where do you think Miguel is? What do you think he is doing and why?

Answers will vary.

_____

_____

_____

_____

_____

_____

_____

Mientras ves el video

2 **¿Qué oíste?** Watch **En el taller** and place a check mark beside what you hear.

____ 1. ¿Cuál es tu dirección electrónica?

✔ 2. ¿Está descompuesta tu computadora?

✔ 3. ¿Y revisaste el aceite?

____ 4. El navegador GPS también está descompuesto.

✔ 5. Mal día para la tecnología, ¿no?

✔ 6. ¡Te están llamando!

✔ 7. Se me acabó la pila.

____ 8. Me gusta mucho la televisión por cable.

✔ 9. ¿Me pasas la llave?

✔ 10. No manejes con el cofre abierto.

3 **¿Qué viste?** Place a check mark beside what you see.

✔ 1. un teléfono celular

✔ 2. una llave

✔ 3. el cofre de un coche

____ 4. un reproductor de CD

✔ 5. un mecánico

____ 6. la pantalla de un televisor

____ 7. una arroba

____ 8. una cámara de video

✔ 9. un taller mecánico

____ 10. un archivo

4 **¿Quién lo dice?** Write the name of the person who said each sentence.

_____Jorge_____ 1. ¿Quién es el mecánico?

_____Maru_____ 2. Está descargando el programa antivirus ahora.

_____Miguel_____ 3. Acaba de enviarme un mensaje de texto.

_____Jorge_____ 4. Este coche tiene más de 150.000 kilómetros.

_____Maru_____ 5. Por favor, ¡arréglalo!

Video Activities: Fotonovela

Después de ver el video

5 **Corregir** Rewrite these statements so they are true.

1. Miguel le llevó su coche a Felipe, el mecánico.
   Miguel le llevó su coche a Jorge, el mecánico.

2. La computadora de Maru funciona muy bien.
   La computadora de Maru está descompuesta.

3. Jorge no tiene problemas para arreglar el coche de Miguel.
   Jorge tiene problemas para arreglar el coche de Miguel.

4. Se le acabó la pila al teléfono celular de Miguel.
   Se le acabó la pila al teléfono celular de Maru.

5. Maru necesita una cámara digital nueva y Miguel necesita un reproductor de MP3 nuevo.
   Maru necesita una computadora nueva y Miguel necesita un coche nuevo.

6. Jorge le dice a Miguel que revise el aceite cada mil kilómetros.
   Jorge le dice a Miguel que revise el aceite cada mil quinientos kilómetros.

6 **Un mensaje** Imagine that Maru is writing a short message to a friend about today's events. Write in Spanish what you think she would say. Answers will vary.

_____

_____

_____

_____

_____

_____

_____

_____

7 **Preguntas personales** Answer these questions in Spanish. Answers will vary.

1. Cuando tu carro o el carro de tu padre/madre está descompuesto, ¿lo llevan a un(a) mecánico/a o lo arreglan ustedes mismos?
   ¿Por qué? _____

   _____

   _____

2. ¿Conoces a un(a) buen(a) mecánico/a? ¿Cómo se llama? _____

   _____

   _____

3. ¿Tienes un teléfono celular? ¿Para qué lo usas? _____

   _____

   _____

Los quehaceres

Lección 3

Antes de ver el video

1 **En la casa** In this episode, Jimena and Felipe need to clean the house if they want to travel with Marissa to the Yucatan Peninsula. Look at the image and describe what you think is going on.

Answers will vary.

_____

_____

_____

_____

_____

_____

Mientras ves el video

2 **¿Cierto o falso?** Watch **Los quehaceres** and indicate whether each statement is **cierto** or **falso**.

	Cierto	Falso
1. A Jimena le gusta sacar la basura.	○	⊘
2. Felipe y Jimena deben limpiar la casa porque sus papás les pagaron el viaje.	⊘	○
3. Marissa sabe cómo cambiar la bolsa de la aspiradora.	○	⊘
4. Las servilletas estaban sobre la lavadora.	○	⊘
5. Don Diego y los chicos prepararon quesadillas para cenar.	⊘	○

3 **¿Qué cosas ves?** Place a check mark beside what you see.

✔ 1. un lavaplatos   ✔ 4. vasos   ✔ 7. platos

___ 2. un garaje   ✔ 5. un sofá   ___ 8. un sótano

___ 3. un jardín   ___ 6. un balcón   ✔ 9. tenedores

4 **Ordenar** Number the events from one to five, in the order they occur.

_4_ a. Don Diego les sugiere a las chicas que se organicen en equipos para limpiar.

_5_ b. Juan Carlos pone la mesa.

_3_ c. Marissa quiere quitar la bolsa de la aspiradora.

_1_ d. La señora Díaz entra a la cocina y saluda a sus hijos.

_2_ e. Jimena le dice a Felipe que limpie el baño.

Video Activities: _Fotonovela_

Después de ver el video

5 **Seleccionar** Write the letter of the words that go in each sentence.

1. La señora Díaz les pide a sus hijos que quiten __c__ de la mesa.

   a. los vasos   b. las tazas   c. los platos

2. La señora Díaz les __b__ a sus hijos que limpien __b__ si quieren viajar.

   a. ruega; el patio   b. sugiere; el apartamento   c. recomienda; el altillo

3. Jimena va a limpiar __a__ y __a__.

   a. el refrigerador; la estufa   b. el armario; la pared   c. el sillón; la lámpara

4. Don Diego le aconseja a Felipe que quite el polvo del __c__.

   a. sótano   b. garaje   c. estante

5. Juan Carlos no sabe dónde están __c__.

   a. las copas   b. los vasos   c. los tenedores

6 **Preguntas** Answer the following questions in Spanish. Write complete sentences.

1. Según el señor Díaz, ¿para qué hora deben preparar la cena Jimena y Felipe?

   Según el Sr. Díaz, Jimena y Felipe deben preparar la cena para las ocho y media.

2. ¿Qué les piden sus padres a Marissa y a sus hermanos?

   Sus padres les piden a Marissa y a sus hermanos que ayuden con los quehaceres.

3. ¿Quiénes se sientan en el sofá para ver el partido de fútbol?

   Juan Carlos y Felipe se sientan en el sofá para ver el partido de fútbol.

4. ¿Quién cambia la bolsa de la aspiradora?

   Felipe cambia la bolsa de la aspiradora.

5. ¿Qué dice la señora Díaz cuando ve el apartamento limpio?

   La Sra. Díaz dice "¡Qué bonita está la casa!" cuando ve el apartamento limpio.

7 **Escribir** Imagine that you are one of the characters. Write a paragraph from that person's point of view, summarizing what happened in the episode. Answers will vary.

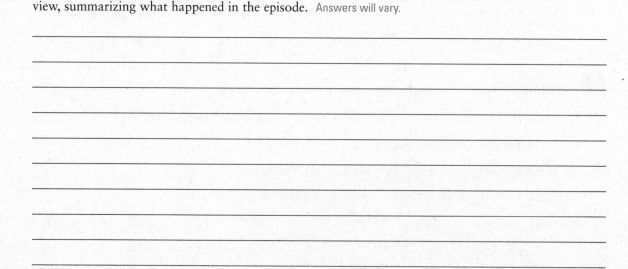

_____

_____

_____

_____

_____

_____

_____

_____

_____

_____

Aventuras en la naturaleza   **Lección 4**

Antes de ver el video

1 **En Tulum** Marissa and Jimena visit a turtle sanctuary while Felipe and Juan Carlos take a tour through the jungle. What do you think the four friends will talk about when they are back together?

Answers will vary.

_____

_____

_____

_____

_____

_____

_____

_____

Mientras ves el video

2 **Opiniones** Watch **Aventuras en la naturaleza** and place a check mark beside each opinion that is expressed.

✔ 1. Necesitamos aprobar leyes para proteger a las tortugas.

✔ 2. A menos que protejamos a los animales, muchos van a estar en peligro de extinción.

____ 3. No es posible hacer mucho para proteger el medio ambiente.

✔ 4. Hoy estamos en Tulum, ¡y el paisaje es espectacular!

____ 5. El mar está muy contaminado.

3 **La aventura en la selva** As you watch Felipe and Juan Carlos' flashback about their adventure in the jungle, place a check mark beside what you see.

____ 1. un volcán   ____ 4. un desierto

✔ 2. unos árboles   ✔ 5. un teléfono celular

✔ 3. unas plantas   ✔ 6. una cámara

4 **¿Quién lo dijo?** Say who makes each statement, and fill in the blanks.

Marissa _____ 1. Espero que Felipe y Juan Carlos no estén perdidos en la ___selva___ ...

Juan Carlos _____ 2. No lo van a ___creer___ .

Felipe _____ 3. Estábamos muy emocionados porque íbamos a aprender sobre los ___recursos naturales___ .

guía _____ 4. Por favor, síganme y eviten pisar (*avoid stepping on*) las ___plantas___ .

Felipe _____ 5. Decidí seguir un ___río___ que estaba cerca.

Lección 4 Fotonovela Video Activities   **53**

Después de ver el video

5 **¿Cierto o falso?** Indicate whether each sentence is **cierto** or **falso**. If an item is false, rewrite it so it is correct.

1. Marissa dice que el paisaje de Tulum es espectacular.
   Cierto.
   _____

2. A Jimena le gustaría viajar a Wisconsin para visitar a Marissa.
   Cierto.
   _____

3. Según la guía, hay compañías que cuidaron la selva.
   Falso. Según la guía, hay compañías que contaminaron la selva.
   _____

4. Felipe y Juan Carlos estaban muy aburridos porque iban a conocer la selva.
   Falso. Felipe y Juan Carlos estaban muy emocionados porque iban a conocer la selva.
   _____

5. Marissa y Jimena aprendieron las normas que existen para cazar tortugas.
   Falso. Marissa y Jimena aprendieron las normas que existen para proteger a las tortugas.
   _____

6 **Preguntas** Answer the following questions in Spanish. Write complete sentences.

1. ¿Por qué cree Jimena que ése es el último viaje del año que todos hacen juntos?
   Jimena cree que es el último viaje del año porque todos van a estar muy ocupados las próximas semanas.
   _____

2. ¿Por qué estaban emocionados Juan Carlos y Felipe antes de visitar la selva?
   Juan Carlos y Felipe estaban emocionados porque iban a conocer la selva y aprender sobre los recursos naturales y
   la conservación del medio ambiente.

3. ¿Por qué se separaron del grupo Juan Carlos y Felipe?
   Juan Carlos y Felipe se separaron del grupo porque querían tomar fotos/para tomar fotos.
   _____

4. ¿Marissa cree la historia de Felipe?
   No, Marissa no cree la historia de Felipe.
   _____

5. Según Jimena, ¿qué pasa ahora con la población de tortugas?
   Según Jimena, afortunadamente la población de tortugas está aumentando.
   _____

7 **Describir** List a few things that people can do to protect your community's environment.

Answers will vary.
_____
_____
_____
_____
_____
_____

Video Activities: *Fotonovela*

Corriendo por la ciudad   Lección 5

Antes de ver el video

1 **En la calle** In this episode, Maru needs to deliver a package but she experiences some problems. What do you think they might be? Answers will vary.

_____

_____

_____

_____

_____

_____

Mientras ves el video

2 **Ordenar** Watch **Corriendo por la ciudad** and number the following events from one to five, in the order they occurred.

___3___ a. Maru le dice a Mónica que hay una joyería en el centro.

___5___ b. Mónica dice que el correo está cerca.

___2___ c. Maru busca el coche de Miguel.

___1___ d. Maru habla por teléfono con su mamá.

___4___ e. Maru cree que perdió el paquete.

3 **Completar** Fill in the blanks in the following sentences.

1. Voy a pasar al _____banco_____ porque necesito dinero.

2. ¿Puedes _____mandarlo_____ por correo?

3. Estoy haciendo _____diligencias_____ y me gasté casi todo el efectivo.

4. Mi coche está en el _____estacionamiento_____ de la calle Constitución.

5. En esta esquina _____dobla_____ a la derecha.

4 **¿Quién lo dijo?** Write the names of the people who said the following sentences.

_____Miguel_____ 1. Dobla a la avenida Hidalgo. Luego cruza la calle Independencia y dobla a la derecha.

_____Maru_____ 2. Lo siento, tengo que ir a entregar un paquete.

_____Mónica_____ 3. Necesito ir a una joyería, pero la que está aquí al lado está cerrada.

_____Maru_____ 4. Tengo que llegar al Museo de Antropología antes de que lo cierren.

_____Mónica_____ 5. Hay demasiado tráfico.

Video Activities: Fotonovela

Después de ver el video

5

Seleccionar Write the letter of the word or words that complete each sentence.

1. Maru le dice a Miguel que está enfrente __a__.

   a. del salón de belleza   b. de la panadería   c. de la joyería

2. Maru decide irse en taxi al __c__.

   a. banco   b. correo   c. museo

3. Maru le __b__ a Mónica porque no tiene efectivo.

   a. paga a plazos   b. pide dinero prestado   c. paga al contado

4. Mónica gastó el efectivo en la carnicería, la frutería y __c__.

   a. el supermercado   b. el salón de belleza   c. la panadería

5. __a__ de Maru estaba en el coche de Miguel.

   a. El paquete   b. El efectivo   c. La bolsa

6. Mónica __b__ a la izquierda en el semáforo.

   a. hizo cola   b. dobló   c. cruzó

6

Escribir Write a summary of today's events from Maru's point of view. Answers will vary.

_____

_____

_____

_____

_____

_____

_____

7

Las diligencias Write a paragraph describing some of the errands you or a family member ran last week. What did they involve, and what places in your community did you visit?

_____

_____

_____

_____

_____

_____

_____

_____

Chichén Itzá   Lección 6

Antes de ver el video

1   **Una excursión** List what you would probably do and say during a trip to an archaeological site.

Answers will vary.

_____

_____

_____

_____

_____

_____

_____

_____

Mientras ves el video

2   **¿Quién?** As you watch this episode of the **Fotonovela**, indicate who said each sentence.

_____Marissa_____ 1. ¡Chichén Itzá es impresionante!

_____Felipe_____ 2. Nuestros papás nos trajeron cuando éramos niños.

_____Jimena_____ 3. Hay que estar en buena forma para recorrer las ruinas.

_____Juan Carlos_____ 4. Pues, a mí me gustan las gorditas.

_____Felipe_____ 5. Qué lástima que no dejen subir a la cima.

3   **Completar** Fill in the blanks in these sentences.

1. _____Ha estado_____ bajo mucha presión.

2. La universidad hace que seamos _____sedentarios_____.

3. ¿Y Juan Carlos todavía no te _____ha invitado_____ a salir?

4. Ofrecemos varios servicios para _____aliviar el estrés_____.

5. Su _____bienestar_____ es muy importante para nosotros.

4   **Ordenar** Number the events from one to four, putting them in order.

__2__ a. Felipe y Juan Carlos corren.

__1__ b. Marissa y Felipe toman fotos del lugar.

__4__ c. Jimena y Juan Carlos se toman de las manos.

__3__ d. Una empleada explica a los chicos qué ofrecen en el spa.

Video Activities: *Fotonovela*

Después de ver el video

5 **¿Cierto o falso?** Indicate whether each sentence is **cierto** or **falso**. If an item is false, rewrite it so that it is true.

1. Felipe quería regresar al D.F. desde que leyó el *Chilam Balam*.
   Falso. Felipe quería regresar a Chichén Itzá desde que leyó el *Chilam Balam*.

2. Marissa lee en la guía que El Castillo fue construido entre el año 1000 y el 1200 d. C. y es una de las siete nuevas maravillas del mundo.
   Cierto.

3. Según Felipe, algunos dicen que los mayas inventaron la gimnasia.
   Falso. Según Felipe, algunos dicen que los mayas inventaron el fútbol.

4. Jimena dice que se ha relajado mucho en la universidad últimamente.
   Falso. Jimena dice que ha sufrido muchas presiones en la universidad últimamente.

5. Jimena ya había estudiado mucho antes de salir del D.F.
   Cierto.

6 **Preguntas personales** Answer the following questions in Spanish. Answers will vary.

1. ¿Haces ejercicio todos los días? ¿Por qué? _____

_____

2. ¿Sacas muchas fotos cuando estás de vacaciones? ¿Por qué? _____

_____

3. ¿Te gusta ir a un spa para aliviar la tensión? Explica por qué. _____

_____

4. ¿Has visitado una zona arqueológica tan impresionante como la que visitaron Marissa, Felipe, Jimena y Juan Carlos? ¿Dónde? _____

_____

5. ¿Quieres hacer una excursión como la que hicieron los cuatro estudiantes? Explica tu respuesta.

_____

_____

7 **Describir** Write a description of what you do or would like to do to reduce stress in your life.
Answers will vary.

_____

_____

_____

_____

_____

_____

_____

_____

La entrevista de trabajo   Lección 7

Antes de ver el video

1 **Planes para el futuro** Marissa, Jimena, Felipe, and Juan Carlos discuss their future plans in this episode. What do you think they will say? Answers will vary.

_____

_____

_____

_____

_____

_____

_____

Mientras ves el video

2 **Planes y profesiones** Watch **La entrevista de trabajo**. Then indicate who makes each statement, and fill in the blanks with the missing words.

_____Jimena_____ 1. Cuando yo termine la carrera, a ti ya te habrán despedido de tu

segundo ____empleo____.

_____Felipe_____ 2. Con el título de administrador de empresas, seré ____el jefe____.

_____Sra. Díaz_____ 3. Estoy muy feliz de poder ayudarte con ____las entrevistas de trabajo____.

_____Miguel_____ 4. Quiero trabajar en un museo y ser un ____pintor____ famoso.

_____Marissa_____ 5. Él será un excelente ____abogado____.

3 **Las profesiones** Place a check mark beside the professions mentioned.

✔ 1. arqueóloga   ✔ 4. hombre de negocios

___ 2. política   ___ 5. reportero

✔ 3. doctora   ✔ 6. pintor

4 **Ordenar** Number the following events from one to five, in the order they occur.

_2_ a. Marissa dice que no sabe cómo será su vida cuando tenga 30 años.

_4_ b. Miguel le da su currículum a la señora Díaz.

_3_ c. La señora Díaz dice que Miguel es un pintor talentoso y un excelente profesor.

_1_ d. Juan Carlos dice que estudia ciencias ambientales.

_5_ e. Marissa dice que Felipe será un excelente hombre de negocios.

Video Activities: Fotonovela

Después de ver el video

5 **Preguntas** Answer the following questions in Spanish.

1. ¿Quiénes van a crear una compañía de asesores de negocios?
   Juan Carlos y Felipe van a crear una compañía de asesores de negocios.

2. ¿Qué será Jimena en el futuro?
   Jimena será doctora en el futuro.

3. ¿Quién trabaja en el Palacio de Bellas Artes desde hace cinco años?
   La Sra. Díaz trabaja en el Palacio de Bellas Artes desde hace cinco años.

4. ¿Quién quiere seguir estudiando historia del arte?
   Miguel quiere seguir estudiando historia del arte.

5. ¿Quién fue aceptada en el Museo de Antropología?
   Maru fue aceptada en el Museo de Antropología.

6 **En tu opinión** Answer the following questions in Spanish. Answers will vary.

1. En tu opinión, ¿cuál de los personajes (*characters*) va a tener la profesión más interesante?
   Explica tu respuesta. _____
   _____

2. ¿Cuál de los personajes será el/la más rico/a? Explica tu opinión. _____
   _____

3. ¿Cuál de los personajes será el/la más famoso/a? Explica tu opinión. _____
   _____

4. ¿Cuál de los personajes será el/la más feliz? _____
   _____

5. ¿Cuáles de los personajes van a lograr sus metas (*achieve their goals*)? Explica tu opinión.
   _____

7 **Tus planes** Write a description of what your life will be like in five years. Don't forget to mention your family, friends, residence, hobbies, and occupation. Answers will vary.

_____
_____
_____
_____
_____
_____
_____
_____

Una sorpresa para Maru   Lección 8

Antes de ver el video

1 **En el museo** In this episode, Maru and Miguel go to the museum. Based on the title and the image, what do you think will happen? Answers will vary.

_____

_____

_____

_____

_____

_____

_____

Mientras ves el video

2 **Ordenar** Watch **Una sorpresa para Maru** and number the following events from one to six, in the order they occurred.

_4_ a. Juan Carlos dice que sus películas favoritas son las de ciencia ficción y de terror.

_2_ b. Miguel le pide a Maru que se pare en una sala del museo.

_6_ c. La gente aplaude a Maru y a Miguel.

_1_ d. Jimena dice que su mamá va a la ópera con amigos del trabajo.

_3_ e. Jimena dice que disfrutó mucho el espectáculo.

_5_ f. Felipe dice que está de acuerdo con la relación de Jimena y Juan Carlos.

3 **La cultura en México** Place a check mark beside what you see.

____ 1. escultoras   ____ 5. un concierto

____ 2. un cuento   ____ 6. un instrumento musical

_✔_ 3. fotos   _✔_ 7. artesanías en cerámica

_✔_ 4. un edificio blanco   ____ 8. poetas

4 **¿Quién lo dijo?** Indicate who made each statement, and fill in the blanks.

Jimena 1. No he visto muchas representaciones de ____danza____ contemporánea.

Juan Carlos 2. ¿Te gustan las películas ____de acción____?

Maru 3. El arte ____folclórico____ nos cuenta la historia de su gente y su país.

Juan Carlos 4. Felipe intentó ____cantar____. ¡Qué horror!

Jimena 5. Mi mamá hubiera querido que tocara algún ____instrumento____.

Lección 8 Fotonovela Video Activities **61**

Después de ver el video

5 **Seleccionar** Write the letter of the word or phrase that completes each sentence.

1. Jimena piensa ir con su mamá a la ____b____.

   a. obra   b. ópera   c. danza

2. A Maru le encanta ver las artesanías en cerámica y los ____c____.

   a. dramas   b. cuentos   c. tejidos

3. A Jimena le gusta escuchar música en vivo e ir al ____a____.

   a. teatro   b. museo   c. programa de entrevistas

4. Juan Carlos puede ver las películas de ____c____ con Felipe.

   a. acción   b. aventuras   c. terror

5. A Jimena y a Juan Carlos les gustan los ____b____.

   a. dramas   b. documentales   c. escultores

6 **En tu opinión** Answer the following questions in Spanish. Answers will vary.

1. ¿Crees que Maru y Miguel serán felices? Explica tu respuesta.

   _____

   _____

2. Juan Carlos y Jimena tienen intereses similares, pero ¿son compatibles? Explica tu opinión.

   _____

   _____

3. ¿Crees que Felipe y Marissa podrían ser novios algún día? ¿Por qué?

   _____

   _____

7 **En tu comunidad** Describe in Spanish a few cultural events in your community or area. You may invent them. Answers will vary.

   _____

   _____

   _____

   _____

   _____

   _____

   _____

   _____

   _____

Video Activities: *Fotonovela*

Hasta pronto, Marissa   Lección 9

Antes de ver el video

1 **¿Qué pasa?** In this image, where do you think the friends are? What are they doing? Answers will vary.

_____

_____

_____

_____

_____

_____

_____

Mientras ves el video

2 **Completar** As you watch **Hasta pronto, Marissa**, fill in the blanks.

1. Si _____hubiera_____ sabido que ellos no iban a estar aquí, me _____habría_____
   despedido anoche.

2. Igualmente. Ella es Marissa. _____Pasó_____ el año con nosotros y hoy
   _____regresa_____ a su casa, que es en los Estados Unidos.

3. Si te _____dieran_____ la oportunidad de regresar a estudiar aquí, ¿_____volverías_____?

4. Marissa, ¿cuál _____fue_____ tu experiencia _____favorita_____ en México?

5. Marissa, espero que lo _____hayas_____ pasado _____maravillosamente_____ en México.

6. Chichén Itzá fue muy _____emocionante_____ también. No puedo decidirme.
   ¡La he pasado de _____película_____!

3 **¿Qué viste?** Place a check mark beside what you see.

✔ 1. Marissa está triste por no poder despedirse de sus amigos.

___ 2. Don Diego conduce el carro de los Díaz.

✔ 3. Marissa y el señor Díaz llegan a la fiesta sorpresa.

___ 4. Miguel dice que viajará a Bolivia.

✔ 5. Marissa le da el diccionario a Felipe.

4 **Cosas y personas** Place a check mark beside what you see.

✔ 1. una carta   ✔ 3. una reportera   ___ 5. un soldado

___ 2. un choque   ✔ 4. un periódico   ___ 6. una tormenta

Video Activities: *Fotonovela*

Después de ver el video

5 **Preguntas** Answer these questions in Spanish.

1. Según la reportera, Maite Fuentes, ¿dónde tuvo lugar el terremoto? _____

   Según Maite Fuentes, el terremoto tuvo lugar cerca de Acapulco.

2. ¿Adónde quiere tomar unos cursos Marissa? _____

   Marissa quiere tomar unos cursos en Centroamérica.

3. Si Marissa tuviera que elegir una sola experiencia de las que vivió en México, ¿cuál elegiría?

   Si tuviera que elegir una sola experiencia de las que vivió en México, Marissa elegiría el Día de Muertos./No se sabe
   porque Marissa dice que no puede decidirse.

4. Si le dieran la oportunidad, ¿Marissa volvería a estudiar en México?

   Si le dieran la oportunidad, Marissa volvería a estudiar en México sin pensarlo dos veces.

5. ¿Qué le manda la tía Ana María a Marissa como regalo de despedida?

   La tía Ana María le manda la receta del mole.

6 **Un artículo** Imagine that you are a reporter and you are going to interview Marissa about her experiences in Mexico. Write a brief article using what you saw in **Fotonovela**. Answers will vary.

_____

_____

_____

_____

_____

_____

_____

_____

_____

_____

7 **¿Qué va a pasar?** Marissa said good bye to her friends and is returning to Wisconsin. What do you think the future holds for Marissa and her friends? Will Juan Carlos and Jimena continue dating? Will they get married? What will Miguel and Maru's wedding be like? Will the friends achieve their career goals? Answers will vary.

_____

_____

_____

_____

_____

Video Activities: Fotonovela

Panorama: Costa Rica   Lección 1

Antes de ver el video

1 **Más vocabulario** Look over these useful words and expressions before you watch the video.

Vocabulario útil		
bosque *forest*	guía certificado *certified guide*	riqueza *wealth*
conservar *to preserve*	nuboso *cloudy*	tiendas de campaña *camping tents*
cubierto *covered*	permitir *to allow*	tocar *to touch*
entrar *to enter*	regla *rule*	tortugas marinas *sea turtles*

2 **Foto** Describe the video still. Write at least three sentences in Spanish. Answers will vary.

_____
_____
_____
_____
_____
_____
_____

3 **Categorías** Categorize the words listed in the word bank.

bosque	guía	pedir	sacar
diferentes	hermosos	permite	Tortuguero
entrar	Monteverde	playa	turistas
exóticas	nuboso	pueblos	visitantes
frágil			

Lugares	Personas	Verbos	Adjetivos
bosque	guía	entrar	diferentes
Monteverde	turistas	pedir	exóticas
playa	visitantes	permite	frágil
pueblos		sacar	hermosos
Tortuguero			nuboso

Lección 1 Panorama cultural Video Activities   **Video Activities: Panorama cultural**

Mientras ves el video

4 **Marcar** While watching the video, check off the rules that have been put in place to protect nature.

✔ 1. En el parque Monteverde no pueden entrar más de 150 personas al mismo tiempo.

_____ 2. Los turistas tienen que dormir en tiendas de campaña.

_____ 3. Los turistas no pueden visitar Tortuguero en febrero.

✔ 4. Después de las 6 p.m. no se permite ir a la playa sin un guía certificado.

✔ 5. Los turistas no pueden tocar las tortugas.

_____ 6. En Tortuguero está prohibido tomar fotografías.

Después de ver el video

5 **Completar** Complete the sentences with words from the word bank.

acampan	entrar	pasan	prohíbe
conservan	estudiar	prefieren	transportan

1. En Monteverde se _____ conservan _____ más de dos mil especies diferentes de animales.

2. En este parque no pueden _____ entrar _____ más de 150 personas al mismo tiempo.

3. Algunos turistas _____ acampan _____ en Monteverde.

4. Otros _____ prefieren _____ ir a los hoteles de los pueblos que están cerca de Monteverde.

5. Se _____ prohíbe _____ sacar fotografías.

6 **Preferencias** Write a brief paragraph in Spanish where you describe which place(s) you would like to visit in Costa Rica and why. Answers will vary.

_____

_____

_____

_____

_____

_____

_____

_____

_____

_____

Nombre _____ Fecha _____

Panorama: Argentina   Lección 2

Antes de ver el video

1 Más vocabulario Look over these useful words and expressions before you watch the video.

Vocabulario útil		
actualmente *nowadays*	gaucho *cowboy*	pintura *paint*
barrio *neighborhood*	género *genre*	salón de baile *ballroom*
cantante *singer*	homenaje *tribute*	suelo *floor*
exponer *to exhibit*	pareja *partner*	surgir *to emerge*
extrañar *to miss*	paso *step*	tocar *to play*

2 Completar The previous vocabulary will be used in this video. In preparation for watching the video, complete the sentences using words from the vocabulary list. Conjugate the verbs as necessary. Some words will not be used.

1. Los artistas _____ exponen _____ sus pinturas en las calles.

2. Beyoncé es una _____ cantante _____ famosa.

3. El tango tiene _____ pasos _____ muy complicados.

4. El jazz es un _____ género _____ musical que se originó en los Estados Unidos.

5. El tango _____ surgió _____ en Buenos Aires, Argentina.

6. La gente va a los _____ salones de baile _____ a bailar y divertirse.

7. Las personas _____ extrañan _____ mucho su país cuando tienen que vivir en el extranjero.

Mientras ves el video

3 Marcar Check off the cognates you hear while watching the video.

✔ 1. adultos   ✔ 7. dramático

✔ 2. aniversario   ✔ 8. exclusivamente

___ 3. arquitectura   ✔ 9. famosos

✔ 4. artistas   ✔ 10. gráfica

___ 5. demostración   ___ 11. impacto

✔ 6. conferencia   ✔ 12. musical

© by Vista Higher Learning, Inc. All rights reserved. **Lección 2 Panorama cultural** Video Activities **67**

Video Activities: *Panorama cultural*

Después de ver el video

4 **¿Cierto o falso?** Indicate whether each statement is **cierto** or **falso**. Correct the false statements.

1. Guillermo Alio dibuja en el suelo una gráfica para enseñar a cantar.

   Falso. Guillermo Alio dibuja en el suelo una gráfica para enseñar a bailar.

2. El tango es música, danza, poesía y pintura.

   Cierto.

3. Alio es un artista que baila y canta al mismo tiempo.

   Falso. Alio es un artista que baila y pinta al mismo tiempo.

4. Alio y su pareja se ponen pintura verde en los zapatos.

   Falso. Alio pone pintura negra y su pareja pone pintura roja en sus zapatos.

5. Ahora los tangos son historias de hombres que sufren por amor.

   Cierto.

6. El tango tiene un tono dramático y nostálgico.

   Cierto.

5 **Completar** Complete the sentences with words from the word bank.

actualmente	compositor	fiesta	género	homenaje	pintor	surgió	toca

1. El tango es un _____ género _____ musical que se originó en Argentina en 1880.

2. El tango _____ surgió _____ en el barrio La Boca.

3. _____ Actualmente _____ este barrio se considera un museo al aire libre.

4. En la calle Caminito se _____ toca _____ y se baila el tango.

5. Carlos Gardel fue el _____ compositor _____ de varios de los tangos más famosos.

6. En el aniversario de su muerte, sus aficionados le hacen un _____ homenaje _____.

6 **Responder** Answer the questions in Spanish. Use complete sentences. Answers will vary.

1. ¿Por qué crees que el tango es tan famoso en todo el mundo? _____

   _____

2. ¿Te gustaría (*Would you like*) aprender a bailar tango? ¿Por qué? _____

   _____

3. ¿Qué tipo de música te gusta? Explica tu respuesta. _____

   _____

Panorama: Panamá   Lección 3

Antes de ver el video

1 **Más vocabulario** Look over these useful words before you watch the video.

Vocabulario útil		
anualmente *annually*	impresionante *incredible*	según *according to*
arrecife *reef*	lado *side*	sitio *site*
disfrutar *to enjoy*	peces *fish*	torneo *tournament*
especies *species*	precioso *beautiful*	

2 **Responder** This video talks about the best places to dive and surf in Panama. In preparation for watching this video, answer these questions about surfing.

Answers will vary.

1. ¿Te gusta el *surf*? ¿Por qué?

_____

_____

2. ¿Practicas este deporte? ¿Conoces a alguien que lo practique? ¿Dónde lo practica(s)?

_____

_____

Mientras ves el video

3 **Ordenar** Number the items in the order in which they appear in the video.

a. _1_

b. _3_

c. _2_

Lección 3 Panorama cultural Video Activities   **69**

Después de ver el video

4 **Emparejar** Match each sentence beginning in the first column with its ending in the second column.

1. La isla Contadora es la más grande __b__
2. Allí siempre hace calor, __d__
3. En Panamá, los visitantes pueden bucear en el océano Pacífico por la mañana __f__
4. Las islas de San Blas son 365, __e__
5. En Santa Catarina los deportistas disfrutan de __c__

a. por la noche.
b. del archipiélago.
c. la playa blanca y el agua color turquesa.
d. por eso se puede bucear en todas las estaciones.
e. una para cada día del año.
f. y en el mar Caribe por la tarde.

5 **Responder** Answer the questions in Spanish. Use complete sentences. Answers may vary.
Suggested answers:

1. ¿Qué país centroamericano tiene archipiélagos en el océano Pacífico y en el mar Caribe?

Panamá tiene archipiélagos en el océano Pacífico y en el mar Caribe.

2. ¿Por qué Las Perlas es un buen lugar para bucear?

Las Perlas es un buen lugar para bucear porque allí hay miles de especies tropicales de peces y muchos arrecifes

de corales, y siempre hace mucho calor.

3. ¿Cómo llegan los turistas a la isla Contadora?

Los turistas llegan a la isla Contadora por barco o por avión.

4. ¿Cómo se llaman los indígenas que viven en las islas San Blas?

Los indígenas kuna viven en las islas San Blas.

5. ¿Adónde van los mejores deportistas de *surfing* del mundo?

Los mejores deportistas de *surfing* del mundo van a Santa Catarina.

6 **Pasatiempos** Complete this chart in Spanish. Answers will vary.

Mis deportes/ pasatiempos favoritos	Por qué me gustan	Dónde/cuándo los practico

Panorama: Colombia   Lección 4

Antes de ver el video

1   **Más vocabulario** Look over these useful words and expressions before you watch the video.

Vocabulario útil	
alrededores *surrounding area*	delfín *dolphin*
belleza natural *natural beauty*	desfile *parade*
campesinos *country/rural people*	disfrutar (de) *enjoy*
carroza *float*	feria *fair; festival*
cordillera *mountain range*	fiesta *festival*
costas *coasts*	orquídea *orchid*

Mientras ves el video

2   **Preguntas** Answer the questions about these video stills. Use complete sentences.

¿Cómo se llama esta celebración?

1. _Esta celebración se llama el Carnaval de Barranquilla._
_____
_____

¿Dónde vive este animal? ¿Qué es?

2. _Este animal vive en el Parque Nevado del Huila. Es el cóndor._
_____
_____

Video Activities: Panorama cultural

    Lección 4 Panorama cultural Video Activities   **71**

Después de ver el video

3 **Emparejar** Find the items in the second column that correspond to the ones in the first.

<u>a</u> 1. El grano colombiano que se exporta mucho.   a. el café

<u>c</u> 2. el Carnaval de Barranquilla   b. Río Amazonas

<u>d</u> 3. En Colombia crecen muchas.   c. un desfile de carrozas decoradas

<u>b</u> 4. Aquí vive el delfín rosado.   d. orquídeas

<u>e</u> 5. desfile de los silleteros   e. Feria de las Flores

<u>f</u> 6. Aquí vive el cóndor.   f. Nevado del Huila

4 **Completar** Complete the sentences with words from the list.

Amazonas	carrozas	el cóndor	flor
campesinos	celebra	encuentra	reserva

1. En el Parque de Orquídeas hay más de tres mil especies de esta _____flor_____.

2. En los alrededores del Parque Nevado del Huila vive _____el cóndor_____.

3. El río _____Amazonas_____ está al sur de Colombia.

4. El Parque Amaracayu es una _____reserva_____ natural.

5. Los _____campesinos_____ participan en el desfile de los silleteros.

6. El domingo de carnaval se hace un desfile con _____carrozas_____ decoradas.

5 **Responder** Answer these questions in Spanish. Use complete sentences.

Answers will vary.

1. ¿Qué es lo primero que piensas cuando oyes la palabra "carnaval"?

_____

_____

_____

2. ¿Cuál crees que es el carnaval más famoso del mundo? ¿Por qué?

_____

_____

_____

3. ¿Cuál es el carnaval más famoso de tu país? ¿Cómo se celebra?

_____

_____

_____

Panorama: Venezuela

Lección 5

Antes de ver el video

1 **Más vocabulario** Look over these useful words before you watch the video.

Vocabulario útil		
castillo *castle*	fuerte *fort*	plano/a *flat*
catarata *waterfall*	maravilla *wonder*	según *according to*
cima *top, summit*	medir *to measure*	teleférico *cable railway*

2 **Preferencias** In this video you are going to learn about two of the most famous tourist attractions in Venezuela: its mountains and beaches. In preparation for watching the video, complete these sentences. Answers will vary.

1. Me gusta/No me gusta ir a la playa porque _____

_____

_____

2. Me gusta/No me gusta ir de excursión a las montañas porque _____

_____

_____

Mientras ves el video

3 **Marcar** Check off the cognates you hear while watching the video.

___✔___ 1. animales

_____ 2. arquitectura

_____ 3. construcción

___✔___ 4. diversa

_____ 5. famoso

___✔___ 6. geológicas

_____ 7. horizontales

___✔___ 8. marina

___✔___ 9. mitología

___✔___ 10. naturales

___✔___ 11. plantas

___✔___ 12. verticales

Video Activities: *Panorama cultural*

Después de ver el video

4 **¿Cierto o falso?** Indicate whether each statement is **cierto** or **falso**. Correct the false statements.

1. El Fortín Solano es la capital comercial de la isla Margarita.

    Falso. Porlamar es la capital comercial de la isla Margarita.

2. "Tepuyes" es el nombre que los indígenas piaroa le dan a las montañas.

    Cierto.

3. Se cree que en el Parque Nacional Canaima hay muchas especies de plantas y animales que nunca han sido clasificadas.

    Cierto.

4. El Salto Ángel es la catarata más alta del mundo.

    Cierto.

5. Según la mitología de los piaroa, el tepuy Autana representa la muerte.

    Falso. Según la mitología piaroa, el tepuy Autana representa el árbol de la vida/el lugar de donde salieron todos los recursos naturales.

6. La isla Margarita es conocida como "la Perla del Amazonas".

    Falso. La isla Margarita es conocida como "la Perla del Caribe".

5 **Completar** Complete the sentences with words from the word bank. Some words will not be used.

clase	islas	metros	río	verticales
fuertes	marina	planas	teleférico	

1. En Venezuela hay castillos y ___fuertes___ que sirvieron para proteger al país hace muchos años.

2. En Venezuela hay más de 311 ___islas___.

3. La isla Margarita tiene una fauna ___marina___ muy diversa.

4. Los hoteles de la isla Margarita son de primera ___clase___.

5. El Parque Nacional Canaima tiene 38 grandes montañas de paredes ___verticales___ y cimas ___planas___.

6. Venezuela también tiene el ___teleférico___ más largo del mundo.

6 **Escribir** In Spanish, list the three things you found most interesting in this video and explain your choices. Use complete sentences. Answers may vary.

_____

_____

_____

_____

_____

_____

Panorama: Bolivia

Lección 6

Antes de ver el video

1 **Más vocabulario** Look over these useful words before you watch the video.

Vocabulario útil

alimento *food*	salar *salt flat*
enorme *enormous*	tratamiento *treatment*
particular *unique*	

2 **Foto** Describe the video still. Write at least three sentences in Spanish. Answers will vary.

_____

_____

_____

_____

_____

_____

_____

3 **Predecir** Based on the still in the previous activity, what do you think this video episode is going to be about? Answers will vary.

_____

_____

_____

Mientras ves el video

4 **Marcar** Check off the cognates you hear while watching the video.

✔ 1. abundante   ✔ 4. contacto   ✔ 7. estrés   ✔ 10. extraordinario

_____ 2. arte   _____ 5. cultura   ✔ 8. exceso   ✔ 11. presente

✔ 3. color   _____ 6. diversa   _____ 9. exótico   ✔ 12. región

    Lección 6 Panorama cultural Video Activities   **75**

Después de ver el video

5   **Palabra correcta** The underlined words in these statements are incorrect. Write the correct word in the space provided.

1. El salar de Uyuni está al <u>norte</u> de Bolivia.

La palabra correcta es: _____ sur _____

2. La sal, sin exceso, es <u>mala</u> para las personas que sufren de enfermedades de los huesos.

La palabra correcta es: _____ buena _____

3. Los hoteles de esta región se hicieron con cuidado porque el contacto en exceso con la sal es <u>excelente</u> para la salud.

La palabra correcta es: _____ malo _____

4. Estos hoteles ofrecen a los huéspedes masajes y otros tratamientos para aliviar el <u>acné</u>.

La palabra correcta es: _____ estrés _____

5. La sal se usa en Uyuni para <u>dañar</u> los alimentos.

La palabra correcta es: _____ conservar _____

6. El salar de Uyuni parece un gran <u>parque</u> de color blanco.

La palabra correcta es: _____ desierto _____

6   **Preferencias** Would you like to stay in a hotel where everything is made out of salt? In Spanish, give two reasons why you think you would like to stay in such a place and two more why you would not. Explain your reasons.   Answers will vary.

Razones por las que me gustaría:

_____

_____

_____

_____

_____

_____

Razones por las que no me gustaría:

_____

_____

_____

_____

_____

_____

Panorama: Nicaragua   Lección 7

Antes de ver el video

1 **Más vocabulario** Look over these useful words and expressions before you watch the video.

Vocabulario útil		
artesanías *handicrafts, craft work*	dioses *gods*	ofrendas *offerings*
atractivos *attractions*	laguna *lagoon*	venado *deer*
burlarse de *to make fun of*	obras artesanales *handicrafts*	venerar *to worship*

2 **Categorías** Categorize the words listed in the word bank.

artesanales	creían	famosa	pueblo	significan
autoridades	deriva	habitantes	reciente	tradicionales
bailan	enojados	laguna	región	venden
capital	extensas	políticos		

Lugares	Personas	Verbos	Adjetivos
capital	autoridades	bailan	artesanales
laguna	habitantes	creían	enojados
pueblo	políticos	deriva	extensas
región		significan	famosa
		venden	políticos
			reciente
			tradicionales

Mientras ves el video

3 **Marcar** Check off the verbs you hear while watching the video.

  ✔ 1. bailan   _____ 5. correr   _____ 9. jugar

  ✔ 2. burlan   ✔ 6. creían   ✔ 10. venden

  ✔ 3. calmar   ✔ 7. deriva   ✔ 11. veneraban

  _____ 4. comer   _____ 8. estudiar   ✔ 12. ver

Video Activities: Panorama cultural

Después de ver el video

4 **Emparejar** Find the items in the second column that correspond to the ones in the first.

___e___ 1. erupciones del volcán Masaya en los últimos 500 años

___b___ 2. Los indígenas les daban esto a los dioses para calmar al volcán.

___d___ 3. *mazalt* y *yan*

___c___ 4. Pasaba cuando los dioses estaban enojados.

___a___ 5. el Torovenado

a. una celebración

b. ofrendas

c. El volcán hacía erupción.

d. nombre *Masaya* en lengua indígena

e. diecinueve

5 **Respuestas** Answer the questions in Spanish. Use complete sentences.

1. ¿Cómo se llama el pueblo donde está situada la laguna de Masaya? _____

   El pueblo donde está situada la laguna de Masaya se llama Masaya.

2. ¿De dónde se deriva el nombre *Masaya*? _____

   El nombre *Masaya* se deriva de las palabras indígenas *mazalt* y *yan*.

3. ¿Cuál es la fiesta más importante que se celebra en Masaya? _____

   La fiesta más importante que se celebra en Masaya es la fiesta de(l) Torovenado.

4. ¿De quiénes se burlan los habitantes en estas fiestas? _____

   Los habitantes se burlan de los políticos, las autoridades y la gente famosa.

5. ¿Por qué se conoce a Masaya como la capital del folclor nicaragüense? _____

   A Masaya se le conoce como la capital del folclor nicaragüense por ser el centro más importante de artesanías del país.

6. ¿Qué venden en el mercado, además de frutas y verduras? _____

   Además de frutas y verduras, en el mercado venden muchos tipos de obras artesanales.

6 **Escribir** Write a short summary of this video in Spanish. Answers will vary.

_____

_____

_____

_____

_____

_____

_____

_____

_____

_____

_____

_____

Video Activities: *Panorama cultural*

Panorama: La República Dominicana   Lección 7

Antes de ver el video

1 **Más vocabulario** Look over these useful words and expressions before you watch the video.

Vocabulario útil	
crear *to create, to form*	**papel** *role*
emigrantes *emigrants*	**ritmos** *rhythms*
fiestas nacionales *national festivals*	**tocar (música)** *to play (music)*

2 **Preguntas** This video talks about two musical genres famous in the Dominican Republic. In preparation for watching the video, answer these questions. Answers will vary.

1. ¿Cuál es el género (*genre*) musical estadounidense con más fama internacional? _____

2. ¿Te gusta esta música? ¿Por qué? _____

Mientras ves el video

3 **Marcar** Check off the activities and places you see in the video.

__✔__ 1. niños sonriendo

_____ 2. mujer vendiendo ropa

__✔__ 3. parejas bailando

__✔__ 4. hombre tocando el acordeón

_____ 5. niño jugando al fútbol

__✔__ 6. espectáculo de baile en teatro

__✔__ 7. bandera (*flag*) de la República Dominicana

_____ 8. mujer peinándose

__✔__ 9. bulevar (*boulevard*)

__✔__ 10. playa

Después de ver el video

4 **Corregir** The underlined words in these statements are incorrect. Write the correct words in the spaces provided.

1. Uno de los mejores ejemplos de la mezcla (*mix*) de culturas en la República Dominicana es la <u>arquitectura</u>.

   La palabra correcta es: _____ música _____

2. El Festival de Merengue se celebra en las <u>plazas</u> de Santo Domingo todos los veranos.

   La palabra correcta es: _____ calles _____

3. La música de la República Dominicana está influenciada por la música tradicional de <u>Asia</u>.

   La palabra correcta es: _____ África _____

Video Activities: Panorama cultural

4. En todo el país hay discotecas donde se toca y se baila la bachata y el <u>jazz</u>.

La palabra correcta es: _____ merengue _____

5. El veintisiete de febrero de cada año los dominicanos celebran el Día de la <u>Madre</u>.

La palabra correcta es: _____ Independencia _____

6. La bachata y el merengue son ritmos <u>poco</u> populares en la República Dominicana.

La palabra correcta es: _____ muy _____

5

Emparejar Find the items in the second column that correspond to the ones in the first.

___d___ 1. Aquí la gente baila la bachata y el merengue.

___a___ 2. Este músico recibió en 1966 la Medalla Presidencial.

___e___ 3. *El Bachatón*

___b___ 4. Juan Luis Guerra, Johnny Ventura y Wilfredo Vargas

___c___ 5. La música dominicana recibió la influencia de estas personas.

a. Johnny Pacheco

b. varios de los muchos músicos de bachata y merengue con fama internacional

c. los indígenas que vivían en la región

d. las discotecas de la ciudad

e. En este programa de televisión sólo se toca la bachata.

6

Seleccionar Select the sentence that best summarizes what you saw in this video.

_____ 1. Por muchos años, muchos emigrantes llegaron a la República Dominicana y crearon la actual cultura dominicana.

_____ 2. Todas las estaciones de radio tocan bachata y hay un programa de televisión muy popular dedicado exclusivamente a esta música, llamado *El Bachatón*.

___✔___ 3. Los ritmos más populares de la República Dominicana, la bachata y el merengue, son producto de varias culturas y forman parte integral de la vida de los dominicanos.

_____ 4. Una fiesta tradicional dominicana es el Festival de Merengue, que se celebra todos los veranos desde 1966 por las calles de Santo Domingo.

7

Responder Answer the questions in Spanish. Use complete sentences. Answers will vary.

1. ¿Cuál es tu música favorita? ¿Por qué? _____

_____

2. ¿Dónde escuchas esta música? ¿Cuándo? _____

_____

3. ¿Quiénes son los intérpretes más famosos de esta música? ¿Cuál de ellos te gusta más? _____

_____

4. ¿Te gusta bailar? ¿Qué tipo de música bailas? _____

5. ¿Es la música algo importante en tu vida? ¿Por qué? _____

_____

Panorama: El Salvador   **Lección 8**

Antes de ver el video

1 **Más vocabulario** Look over these useful words before you watch the video.

Vocabulario útil	
alimento *food*	grano *grain*
fuente *source*	salsa *sauce*

2 **Categorías** Categorize the words listed in the word bank.

arepas	comerciales	restaurantes
buena	importante	tamales
catedrales	maíz	tradicionales
cebolla	mercados	usa
centrales	plazas	Valle de México
ciudades	postre	venden
comenzaron	queso	vivían

Lugares	Comida	Verbos	Adjetivos
catedrales	arepas	comenzaron	buena
ciudades	cebolla	usa	centrales
mercados	maíz	venden	comerciales
plazas	postre	vivían	importante
restaurantes	queso		tradicionales
Valle de México	tamales		

Mientras ves el video

3 **Marcar** Check off the verbs you hear while watching the video.

_____ 1. bailar	_____ 5. describir	✔ 8. saber	✔ 11. vender
✔ 2. cocinar	✔ 6. hacer	✔ 9. servir	✔ 12. usar
✔ 3. comer	_____ 7. limpiar	_____ 10. tocar	✔ 13. vivir
✔ 4. decir			

Después de ver el video

4 Completar Complete the sentences with words from the word bank.

aceite	fuente	pupusas
arroz	maíz	sal
camarón	postre	símbolo

1. En El Salvador, el _____maíz_____ es el alimento principal de la dieta diaria.

2. Las pupusas se comen a veces como _____postre_____, acompañadas de frutas y chocolate.

3. En todos los lugares importantes de las ciudades y pueblos de El Salvador se venden _____pupusas_____.

4. Para hacer las pupusas se usa maíz, agua, _____aceite_____ y sal.

5. El maíz es una buena _____fuente_____ de carbohidratos.

6. El maíz se ha usado como _____símbolo_____ religioso.

5 Foto Describe the video still. Write at least three sentences in Spanish. Answers will vary.

_____

_____

_____

_____

_____

6 Escribir Write about your favorite food and explain how to prepare it. Don't forget to include all the necessary ingredients. Answers will vary.

_____

_____

_____

_____

_____

_____

_____

Panorama: Honduras   Lección 8

Antes de ver el video

1   **Más vocabulario** Look over these useful words and expressions before you watch the video.

Vocabulario útil	
astrónomo *astronomer*	**obras de arte** *works of art*
clara *clear*	**quetzal** *quetzal (a type of bird)*
dentro de *inside*	**ruinas** *ruins*
escala *scale*	**serpiente** *snake*
impresionante *amazing*	

2   **Predecir** In this lesson you are going to hear about some ruins and pyramids in the city of Copán, Honduras. Write a paragraph about the things you think you will see in this video. Answers will vary.

_____

_____

_____

_____

_____

_____

Mientras ves el video

3   **Marcar** Check off the words you hear while watching the video.

_____ 1. azteca

_____ 2. bailes

___✔___ 3. cultura precolombina

_____ 4. grupos

___✔___ 5. maya

_____ 6. ochocientos

___✔___ 7. quetzal

___✔___ 8. Rosalila

___✔___ 9. Sol

___✔___ 10. Tegucigalpa

Video Activities: Panorama cultural

Después de ver el video

4 **Seleccionar** Choose the option that best completes each sentence.

1. Una ciudad muy importante de la cultura _____d_____ es Copán.
   a. olmeca   b. salvadoreña   c. azteca   d. maya

2. Desde mil novecientos _____b_____ y cinco, los científicos han trabajado en estas ruinas.
   a. cincuenta   b. setenta   c. sesenta   d. noventa

3. Los mayas fueron grandes artistas, _____c_____, matemáticos, astrónomos y médicos.
   a. maestros   b. estudiantes   c. arquitectos   d. cantantes

4. Ricardo Agurcia descubrió un templo _____c_____ una pirámide.
   a. fuera de   b. cerca de   c. dentro de   d. a un lado de

5. En Copán encontraron el texto más _____a_____ que dejó la gran civilización maya.
   a. extenso   b. corto   c. interesante   d. divertido

6. En Copán está el Museo de _____c_____ Maya.
   a. Arte   b. Pintura   c. Escultura   d. Texto

7. La puerta del museo tiene la forma de la boca de _____a_____.
   a. una serpiente   b. un gato   c. un puma   d. un quetzal

8. En la sala principal se encuentra la réplica _____c_____ Rosalila.
   a. de la pirámide   b. de la ciudad   c. del Templo   d. de la ruina

5 **Fotos** Describe the video stills. Write at least three sentences in Spanish for each still. Answers will vary.

_____
_____
_____
_____
_____
_____
_____
_____
_____
_____
_____
_____

6 **Escribir** Imagine that you went to Copán; write a postcard to a friend about everything you saw there.
Answers will vary.

_____
_____
_____
_____
_____

Panorama: Paraguay

Lección 9

Antes de ver el video

1 **Más vocabulario** Look over these useful words and expressions before you watch the video.

Vocabulario útil		
alimento *food*	cultivar *to cultivate*	sagrada *sacred*
amargo *bitter*	fuente *source*	suplemento alimenticio
asegurar *to maintain*	hervir *to boil*	*dietary supplement*
calabaza *pumpkin*	hojas *leaves*	
cortar *to cut*	quemar *to burn*	

2 **Preferencias** In this video you are going to learn about the importance of a coffee-like beverage in the Paraguayan diet. Do you like coffee? Is it popular in your country? Why? Is it good for your health? Write a paragraph in Spanish to answer these questions. Answers will vary.

_____

_____

_____

_____

_____

_____

_____

Mientras ves el video

3 **Ordenar** Number the sentences in the order in which they appear in the video.

___8___ a. El mate es un alimento importante en la dieta diaria.

___3___ b. Hay muchas técnicas para preparar el mate.

___7___ c. Tomar mate era ilegal.

___10___ d. El mate se toma a toda hora.

___2___ e. La yerba mate crece en América del Sur.

___9___ f. El mate tiene vitaminas, minerales y antioxidantes.

___6___ g. El mate tiene un sabor amargo.

___4___ h. Los indígenas guaraní creían que esta planta era un regalo de sus antepasados.

___1___ i. El mate es típico de Paraguay, Argentina y Uruguay.

___5___ j. El mate es usado por personas que quieren adelgazar.

Video Activities: *Panorama cultural*

Después de ver el video

4 **Fotos** Describe the video stills. Write at least three sentences in Spanish for each one. Answers will vary.

_____
_____
_____
_____
_____
_____
_____
_____
_____
_____
_____

5 **Responder** Answer the questions in Spanish. Answers will vary. Possible answers:

1. ¿Qué es el mate? El mate es una bebida que se hace con las hojas de la yerba mate.

_____

2. ¿Dónde es típico el mate? El mate es típico en Paraguay, Argentina y Uruguay.

_____

3. ¿Cómo usaban el mate los indígenas guaraní? Lo usaban para asegurar la salud, la vitalidad y la longevidad

de su tribu.

4. ¿Cómo se usa el mate hoy en día? Hoy en día el mate se usa como fuente de energía y como suplemento

alimenticio por personas que quieren adelgazar.

5. ¿Por qué durante la colonia era ilegal tomar mate? Durante la colonia, era ilegal tomar mate porque se

temían sus efectos estimulantes.

6. ¿Qué características tiene el mate? El mate es amargo y tiene vitaminas, minerales y antioxidantes.

_____

6 **Escribir** Write a short summary of this video in Spanish. Answers will vary.

_____
_____
_____
_____
_____

Panorama: Uruguay

Lección 9

Antes de ver el video

1 **Más vocabulario** Look over these useful words and expressions before you watch the video.

Vocabulario útil		
asado *barbecue*	campos *rural areas*	jineteadas *rodeo*
cabalgatas colectivas *caravans*	ganadería *ranching*	ranchos ganaderos *cattle ranches*
caballos *horses*	gauchos *cowboys*	siglos *centuries*

2 **Predecir** Based on the video stills, write what you think the video will be about. Answers will vary.

_____

_____

_____

_____

_____

Mientras ves el video

3 **Describir** Write a short description of the items. Answers will vary. Possible answers:

1. Las estancias son ranchos ganaderos con pequeños hoteles. _____

_____

2. Los gauchos son las personas que trabajan/viven en los ranchos. _____

_____

3. Las cabalgatas colectivas son una tradición en la que los participantes tienen que montar a caballo por varios

días hasta un lugar en específico. _____

4. Las jineteadas son espectáculos del deporte de montar a caballo. _____

_____

Después de ver el video

4 **Responder** Answer the questions in Spanish. Answers will vary.

1. ¿Te gustaría quedarte por unos días en una estancia? ¿Por qué?

_____

2. ¿Por qué crees que a los turistas les gustan estos lugares? ¿Por qué son tan especiales?

_____

3. ¿Hay en tu país hoteles parecidos a las estancias? ¿Cómo son?

_____

5 **Imaginar** Imagine that you are a travel agent and that you need to create an itinerary for a client going to an **estancia**. Write the itinerary in the space below. Answers will vary.

lunes	
martes	
miércoles	
jueves	
viernes	
sábado	
domingo	

6 **Escribir** Now imagine that you are a **gaucho**. What is your daily routine? Describe the activities you do every day. Answers will vary.

En la mañana, yo _____

_____

_____.

En la tarde, yo _____

_____

_____.

En la noche, yo _____

_____

_____.

La salud

Lección 1

Antes de ver el video

1 **Más vocabulario** Look over these useful words before you watch the video.

Vocabulario útil		
atender *to treat; to see (in a hospital)*	**cumplir (una función)** *to fulfill (a function/role)*	**gratuito/a** *free (of charge)*
atendido/a *treated*	**esperar** *to wait*	**herido/a** *injured*
brindar *to offer*	**estar de guardia** *to be on call*	**el reportaje** *story*
chocar *to crash*	**golpeado/a** *bruised*	**se atienden pacientes** *patients are treated*

2 **¡En español!** Look at the video still. Imagine what Silvina will say about hospitals in Argentina, and write a two- or three-sentence introduction to this episode. Answers will vary.

Silvina Márquez, Argentina

¡Hola a todos! Hoy estamos en… _____

_____

_____

_____

_____

Mientras ves el video

3 **Problemas de salud** Match these statements to their corresponding video stills.

1. <u>b</u>

2. <u>e</u>

3. <u>d</u>

a. Tengo dolor de cabeza y me golpeé la cabeza.

d. Me chocó una bici.

b. Mi abuela estaba con un poco de tos.

e. Me salió una alergia.

c. Estoy congestionada.

4   **Completar**   Watch Silvina interview a patient, and complete this conversation.

SILVINA ¿Y a vos qué te pasa? ¿Por qué estás aquí en la (1)_____ guardia _____?

PACIENTE Porque me salió una (2)_____ alergia _____ en la (3)_____ espalda _____ hace dos días y quería saber qué tenía. ¿Y a vos qué te pasó?

SILVINA Yo tuve un accidente. Me (4)_____ chocó _____ una bici en el centro y mirá cómo quedé...

PACIENTE ... toda lastimada (*hurt*)...

SILVINA Sí, y aquí también, aquí también... Estoy toda (5)_____ golpeada _____.

Después de ver el video

5   **Ordenar**   Put Silvina's actions in the correct order.

   _3_ a. Le dio sus datos personales a la enfermera.

   _2_ b. Llegó a la guardia del hospital.

   _5_ c. Fue atendida por el doctor.

   _1_ d. Tuvo un accidente con una bicicleta.

   _4_ e. Entrevistó a pacientes.

6   **El sistema de salud en Argentina**   Identify the main characteristics of the health system in Argentina. Use these guiding questions.   Answers will vary.

1. ¿Cómo es el sistema de salud: público, privado o mixto?

2. ¿Hay que pagar en los hospitales públicos?

3. ¿Qué son las guardias?

4. ¿Hay que esperar mucho para ser atendido/a?

5. ¿Cómo es la carrera de medicina?

6. ¿Qué similitudes y diferencias existen entre el sistema de salud de Argentina y el de tu país?

7   **¿Un pequeño accidente?**   You were exploring the city of Buenos Aires when an aggressive pedestrian knocked you to the ground. You arrived in great pain at the **guardia** only to find the wait very long. Write your conversation with a nurse in which you explain your symptoms to convince him/her that this is *not* a minor accident and you should receive immediate care.   Answers will vary.

_____

_____

_____

_____

_____

_____

_____

_____

_____

Maravillas de la tecnología   Lección 2

Antes de ver el video

1 **Más vocabulario** Look over these useful words before you watch the video.

Vocabulario útil		
la afirmación cultural *cultural affirmation*	el/la cuzqueño/a *person from Cuzco*	la masificación *spread*
alejado/a *remote*	el desarrollo *development*	mejorar *to improve*
beneficiarse *to benefit*	el esfuerzo *effort*	el/la proveedor(a) *supplier*
chatear *to chat*	al extranjero *abroad*	servirse de *to make use of*
	mandar *to send*	el/la usuario/a *user*

2 **La tecnología** Complete this paragraph about technology in Peru, using words from the list above.

En Perú, la (1)_____masificación_____ de Internet benefició el (2)_____desarrollo_____ de la agricultura

en las comunidades indígenas. Para estas comunidades es una herramienta (*tool*) importante para obtener

e intercambiar información. También, en ciudades como Cuzco, los artistas y comerciantes que son

(3)_____usuarios_____ de Internet pueden (4)_____mejorar_____ el nivel (*level*) de ventas porque se

conectan (5)_____al extranjero_____ y así pueden vender sus productos en otros países.

3 **¡En español!** Look at the video still. Imagine what Omar will say about technology in Peru and write a two- or three-sentence introduction to this episode. Answers will vary.

Omar Fuentes, Perú

¡Hola a todos! ¿Saben de qué vamos a hablar hoy? _____

_____

_____

_____

_____

Mientras ves el video

4 **Completar** Watch Omar interview a young man and complete their conversation.

OMAR ¿Qué haces en medio de la Plaza de Armas usando una (1)_____computadora_____?

JOVEN Estoy mandándole un (2)_____(e-)mail_____ a mi novia en Quito.

OMAR ... en Quito... ¿Así que tú eres (3)_____ecuatoriano_____?

JOVEN Sí, soy ecuatoriano.

OMAR Y... ¿qué tal? ¿Qué te (4)_____parece_____ el Cuzco? ¿Qué te parece el Perú?

JOVEN Me encanta Cuzco porque se parece mucho a mi ciudad, pero me gusta un poco más

porque puedo usar (5)_____Internet_____ en medio de la plaza y (6)_____nadie_____

me molesta.

5 **Emparejar** Identify what these people use cell phones and Internet for.

1. _b/c_

2. _a_

3. _c_

a. para hacer una videoconferencia y hablar con su familia

b. para comunicarse con su proveedor

c. para vender sus productos en el extranjero

Después de ver el video

6 **¿Cierto o falso?** Indicate whether each statement is **cierto** or **falso**.

1. En Perú, los cibercafés son lugares exclusivos para los turistas. _Falso._

2. Los cibercafés son conocidos como "cabinas de Internet" en Perú y están por todo el país. _Cierto._

3. A diferencia de los cibercafés, los teléfonos celulares ayudan a la comunicación rápida y económica. _Falso._

4. La comunidad indígena de Perú se beneficia de las ventajas que ofrecen los cibercafés. _Cierto._

5. En la Plaza de Armas de Cuzco es posible navegar en la red de manera inalámbrica. _Cierto._

6. Las tecnologías de la comunicación no permiten a las comunidades indígenas reafirmarse culturalmente. _Falso._

7 **Preguntas** Answer these questions. Answers will vary.

1. ¿Para qué usas Internet?

_____

2. ¿Cómo te comunicas con tu familia y tus amigos cuando viajas?

_____

3. ¿Piensas que la masificación de la tecnología es buena? ¿Por qué?

_____

4. ¿Piensas que el servicio de Internet debe ser gratuito para todas las personas? ¿Por qué?

_____

8 **Un mensaje** Remember the young man who was writing an e-mail to his girlfriend at the Plaza de Armas in Cuzco? Imagine you are that young man and write an e-mail to your girlfriend telling her about living in Cuzco and how technology is used there. Answers will vary.

¡Hola, mi amor! En este momento estoy en la Plaza de Armas de Cuzco. _____

_____

_____

_____

_____

La casa de Frida   Lección 3

Antes de ver el video

1 **Más vocabulario** Look over these useful words before you watch the video.

Vocabulario útil		
el alma *soul*	contar con *to have; to feature*	el relicario *locket*
la artesanía *crafts*	convertirse en *to become*	el retrato *portrait*
el barro *clay*	la muleta *crutch*	la urna *urn*
la ceniza *ash*	el recorrido *tour*	el vidrio soplado *blown glass*

2 **Emparejar** Match each definition to the appropriate word from the list above.

1. Es un aparato que ayuda a caminar a las personas que no pueden hacerlo por sí solas
   (*by themselves*). __las muletas/la muleta.__

2. Es el recipiente (*container*) donde se ponen las cenizas de la persona muerta. __la urna__

3. Es una pintura de una persona. __el retrato__

4. tener, poseer __contar con__

5. camino o itinerario en un museo, en parques, etc. __el recorrido__

6. Transformarse en algo distinto de lo que era antes. __convertirse en__

3 **¡En español!** Look at the video still. Imagine what Carlos will say about **La casa de Frida,** and write a two- or three-sentence introduction to this episode. Answers will vary.

Carlos López, México

¡Bienvenidos a otro episodio de *Flash cultura*! Soy Carlos López

desde... _____

_____

_____

_____

Mientras ves el video

4 **¿Dónde están?** Identify where these items are located in Frida's museum.

¿Dónde están?	La cocina	La habitación
1. barro verde de Oaxaca	✓	
2. la urna con sus cenizas		✓
3. los aparatos ortopédicos		✓
4. vidrio soplado	✓	
5. la cama original		✓
6. artesanía de Metepec	✓	

5 **Impresiones** Listen to what these people say, and match the captions to the appropriate person.

1. _c_

2. _b_

3. _e_

4. _d_

a. Me encanta que todavía (*still*) tienen todas las cosas de Frida en su lugar…

c. A mí lo que más me gusta es la cocina y los jardines.

e. … para mí fueron unas buenas personas…

b. … tenemos la gran bendición (*blessing*) de que contamos con un jardinero que… trabajó (*worked*) para ellos.

d. El espacio más impresionante de esta casa es la habitación de Frida.

Después de ver el video

6 **Ordenar** Put Carlos' actions in the correct order.

_5_ a. Habló con distintas personas sobre el museo y sus impresiones.

_1_ b. Caminó por las calles de Coyoacán.

_6_ c. Pasó por el estudio y terminó el recorrido en la habitación de Frida.

_3_ d. Mostró el cuadro *Viva la vida* y otras pinturas de Frida.

_4_ e. Recorrió la cocina.

_2_ f. Llegó al Museo casa de Frida Kahlo.

7 **¿Qué te gusta más?** Choose an aspect of Frida's house and describe it. Is it similar to or different from your own house? What do you find interesting about it?   Answers will vary.

_____

_____

_____

_____

_____

_____

_____

_____

Naturaleza en Costa Rica
Lección 4

Antes de ver el video

1 **Más vocabulario** Look over these useful words before you watch the video.

Vocabulario útil		
el balneario *spa*	**las faldas** *foot (of a*	**el piso** *ground*
el Cinturón de Fuego	*mountain or volcano)*	**la profundidad** *depth*
Ring of Fire	**lanzar** *to throw*	**refrescarse** *to refresh oneself*
cuidadoso/a *careful*	**mantenerse fuera** *to keep outside*	**el rugido** *roar*
derramado/a *spilled*	**el milagro** *miracle*	**el ruido** *noise*

2 **Los volcanes** Complete this paragraph about volcanoes in Central America using words from the list above.

Los países centroamericanos crearon "La Ruta Colonial y de los volcanes" para atraer turismo cultural y ecológico a esta región. El recorrido (*tour*) de los volcanes es el itinerario favorito de los visitantes, ya que éstos pueden escuchar los (1)_____ruidos/rugidos_____ volcánicos y sentir el (2)_____piso_____ vibrando cuando caminan cerca. Es posible caminar por las (3)_____faldas_____ de los volcanes que no están activos y observar la lava (4)_____derramada_____ en antiguas erupciones. ¡Centroamérica es un (5)_____milagro_____ de la naturaleza!

3 **¡En español!** Look at the video still. Imagine what Alberto will say about volcanoes and hot springs in Costa Rica, and write a two- or three-sentence introduction to this episode. Answers will vary.

Alberto Cuadra, Costa Rica

¡Bienvenidos a Costa Rica! Hoy vamos a visitar… _____

_____

_____

_____

_____

Mientras ves el video

4 **¿Qué ves?** Identify the items you see in the video.

____ 1. cuatro monos (*monkeys*)　　✓ 5. el mar

✓ 2. las montañas　　____ 6. dos vacas

____ 3. un volcán　　✓ 7. las aguas termales

✓ 4. un lago contaminado　　____ 8. un centro de reciclaje

Lección 4 Flash cultura Video Activities　**95**

5 **Completar** Complete this conversation between Alberto and the guide.

ALBERTO ¿Qué tan activo es el (1)_____volcán_____ Arenal?

GUÍA El volcán Arenal se encuentra dentro de los volcanes más (2)_____activos_____ en el mundo. Se pueden observar las (3)_____piedras_____ incandescentes, sobre todo en la noche… y en este momento, el sonido que (4)_____se escucha_____ es efecto de la actividad activa del volcán.

ALBERTO ¿Por qué es que el volcán produce ese sonido?

GUÍA Bueno, es el efecto de las erupciones; la combinación también del aire, del (5)_____viento_____; cuando la (6)_____erupción_____ sale y tiene el contacto con la parte externa.

Después de ver el video

6 **Ordenar** Put Alberto's actions in the correct order.

____5____ a. Se cubrió con una toalla porque tenía frío.

____1____ b. Caminó hasta el Parque Nacional Volcán Arenal.

____6____ c. Vio caer las rocas incandescentes desde la ventana de su hotel.

____3____ d. Cuando sintió que se movía el piso, tuvo miedo y salió corriendo.

____4____ e. Se bañó en las aguas termales de origen volcánico.

____2____ f. Conversó sobre el volcán con el guía.

7 **¡Defendamos el volcán!** Imagine that you are a forest ranger at the **volcán Arenal** park and you just learned that a highly-polluting company plans to move its plant near the park. Write a conversation between you and your colleagues at work in which you try to convince them to take action to prevent it.

Answers will vary.

_____
_____
_____
_____
_____

8 **Ecoturismo** Alberto says that ecotourism represents the fastest growing subsector of the tourist industry. Identify the positive and negative aspects of ecotourism and then write a brief paragraph about it. You may use examples from the video. Answers will vary.

Aspectos positivos	Aspectos negativos

_____
_____
_____
_____
_____
_____
_____

El Metro del D.F.   Lección 5

Antes de ver el video

1   **Más vocabulario**   Look over these useful words before you watch the video.

Vocabulario útil		
ancho/a *wide*	contar con *to have, to offer*	repartido/a *spread out*
el boleto *ticket*	debajo *underneath*	el siglo *century*
el camión *bus (Mexico)*	gratuito/a *free*	superado/a *surpassed*
el castillo *castle*	imponente *imposing, impressive*	la superficie *surface*
construido/a *built*	recorrer *to cover (traveling)*	ubicado/a *located*

2   **Completar**   Complete these sentences.

1. En México se le dice _____ camión _____ a un autobús.
2. Los autobuses _____ recorren _____ distintos puntos de México, D.F.
3. El Metro tiene estaciones _____ repartidas _____ por toda la ciudad.
4. El Bosque de Chapultepec está _____ ubicado _____ en el centro de México, D.F.
5. El Metro es un servicio _____ gratuito _____ para personas de más de 60 años.

3   **¡En español!**   Look at the video still. Imagine what Carlos will say about **el Metro** in Mexico City and write a two- or three-sentence introduction to this episode.   Answers will vary.

Carlos López, México

¡Hola! Hoy vamos a hablar de… _____

_____

_____

_____

_____

Mientras ves el video

4   **¿Qué les gusta?**   Identify what each of these passengers likes about **el Metro**.

1. __c__   2. __a__   3. __e__

a. Es útil para ir a la escuela y visitar a mis compañeros.
b. Hay una parada (*stop*) cerca de mi casa.
c. Es un transporte seguro, rápido y cómodo.

d. Es barato y siempre me dan un descuento.
e. Hay mucha variedad de gente.

     Lección 5 Flash cultura Video Activities

5 **¿Qué dice?** Identify the places Carlos mentions in the video.

_____ 1. una joyería del siglo pasado

✔ 2. las estaciones de metro superficiales

✔ 3. la Catedral Metropolitana

_____ 4. una panadería

✔ 5. un castillo construido en un cerro (*hill*)

_____ 6. el correo

✔ 7. un zoológico

✔ 8. un bosque en el centro de la ciudad

Después de ver el video

6 **¿Cierto o falso?** Indicate whether these statements are **cierto** or **falso**.

1. Carlos dice que el Metrobús es el sistema favorito de los ciudadanos. _____ Falso.

2. Los tranvías circulan bajo la superficie de la ciudad. _____ Falso.

3. En el Metro puedes recorrer los principales atractivos de México, D.F. _____ Cierto.

4. El Zócalo es la plaza principal de la capital mexicana. _____ Cierto.

7 **¿Cómo llego?** Imagine that you are in Mexico City. You want to go to **Ciudad Azteca** and decided to take the subway, but got confused and end up in **Barranca del Muerto**, the other end of the city! On a separate sheet of paper, write a conversation in which you ask a person for directions to help you get to your destination. Use some of these expressions. You can also find a map of the **Metro** online.

Answers will vary.

cambiar de tren
las estaciones
    de transbordo
estar perdido
hasta
al norte
seguir derecho

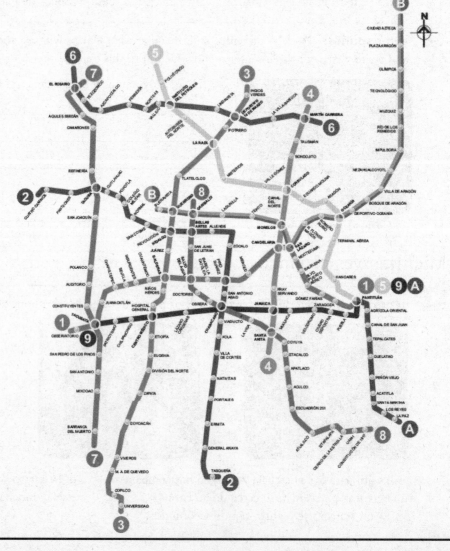

¿Estrés? ¿Qué estrés?   Lección 6

Antes de ver el video

1   **Más vocabulario**   Look over these useful words before you watch the video.

Vocabulario útil		
el ambiente *atmosphere*	el/la madrileño/a	remontarse *to go back (in time)*
el descanso *rest*	*person from Madrid*	retirarse *to retreat*
el espectáculo *show*	mantenerse sano/a	*(to a peaceful place)*
el estanque *pond*	*to stay healthy*	el retiro *retreat*
judío/a *Jewish*	el paseo *walk*	trotar *to jog*
llevadero/a *bearable*	remar *to row*	el vapor *steam*

2   **Completar**   Complete this paragraph about **los baños árabes** using the **Vocabulario útil.**

Madrid fue lugar de encuentro de tres culturas: musulmana, cristiana y (1)_____ judía _____.
Los musulmanes, por ejemplo, introdujeron los famosos baños árabes, que eran lugares de
(2)_____ descanso _____ donde las personas iban a (3)_____ retirarse _____ y a socializar. Aunque en
la actualidad los (4)_____ madrileños _____ continúan disfrutando de estos baños, existen muchas otras
alternativas para mantenerse sanos y sin estrés.

3   **¡En español!**   Look at the video still. Imagine what Miguel Ángel will say about **el estrés** in Madrid
and write a two- or three-sentence introduction to this episode.   Answers will vary.

¡Bienvenidos a Madrid! Hoy les quiero mostrar... _____

_____

_____

_____

Miguel Ángel Lagasca, España

_____

_____

_____

Mientras ves el video

4   **Completar**   Listen to a man talking about his dog, and complete the conversation.

HOMBRE   Bueno, a mí me espera además un (1)_____ perro _____. Yo tengo un perro que se
llama Curro, que es un fenómeno... Gracias a él, pues, aparte del (2)_____ estrés _____ de
Madrid, sirve para (3)_____ relajarte _____ y dar un paseíto, ¿eh?, y resulta muy agradable.
Más (4)_____ llevadero _____ [...] Yo insisto que lo mejor en Madrid es tener un perro, si es
(5)_____ posible _____ que se llame Curro, y dar un (6)_____ paseo _____ con él, y es
muy divertido.

5 **¿Estrés en Madrid?** Being the capital of Spain, Madrid has the hustle and bustle of any big city. Identify why these **madrileños** are stressed out.

1. __b__

2. __e__

3. __c__

a. porque durmieron en el parque para conseguir boletos

b. porque hay mucho tráfico en la ciudad

c. porque hay personas que les quieren quitar el lugar en la cola

d. porque tiene un perro muy agresivo

e. porque tienen que hacer largas colas para todo, sobre todo para espectáculos culturales

Después de ver el video

6 **Preguntas** Answer each of these questions. Answers may vary. Sample answers:

1. ¿Qué problema tiene Madrid que es típico de una gran ciudad?
   el ruido, el tráfico, la congestión, las colas

2. Menciona dos lugares adonde los madrileños van para desestresarse.
   los espectáculos, el parque (del Retiro), los baños árabes

3. ¿Quién es Curro? ¿Qué opina su dueño de él?
   Es un perro. Su dueño opina que el perro hace la vida más agradable y llevadera.

4. ¿Cuáles son tres actividades saludables que se pueden hacer en el Parque del Retiro?
   trotar, recibir masajes, remar, hacer gimnasia

5. ¿Cuántas salas de baños árabes tiene el Medina Mayrit?
   Tiene tres salas.

7 **No hablo español** Remember the American who cut the line for the show? The couple behind him did not succeed in making him go to the end. What would you say to him? Write a conversation in which you tell him to go to the back of the line! Answers will vary.

_____

_____

_____

_____

_____

_____

_____

_____

El mundo del trabajo   Lección 7

Antes de ver el video

1 **Más vocabulario** Look over these useful words before you watch the video.

Vocabulario útil		
el desarrollo *development*	(ser) exitoso/a *(to be)*	la madera *wood*
el destino *destination*	*successful*	el nivel *level*
la elevación *height*	la fidelidad *loyalty*	la oportunidad *opportunity*

2 **Emparejar** Match each definition to the appropriate word.

___d___ 1. alguien o algo que tiene muy buena aceptación   a. elevación

___f___ 2. meta, punto de llegada   b. madera

___h___ 3. conveniencia de tiempo y de lugar   c. desarrollo

___b___ 4. Es la parte sólida de los árboles cubierta por la corteza (*bark*).   d. exitoso

___e___ 5. Es la altura que algo alcanza, o a la que está colocado.   e. nivel

___a___ 6. Es la distancia vertical de un punto de la tierra respecto al nivel del mar.   f. destino

___c___ 7. progreso; crecimiento económico, social, cultural o político   g. fidelidad

___g___ 8. Es la lealtad que alguien debe a otra persona.   h. oportunidad

3 **¡En español!** Look at the video still. Imagine what Mónica will say about jobs in Ecuador and write a two- or three-sentence introduction to this episode. Answers will vary.

Mónica Díaz, Ecuador

Hola, los saluda Mónica... _____

_____

_____

_____

_____

_____

_____

Mientras ves el video

4 **Marcar** Check off what you see while watching the video.

___✔___ 1. vendedor de periódicos   _____ 6. hombre policía

___✔___ 2. payaso (*clown*)   _____ 7. médico

___✔___ 3. dentista   _____ 8. pintora

___✔___ 4. heladero   ___✔___ 9. artesano

___✔___ 5. barrendera (*street sweeper*)   ___✔___ 10. mesero

5 **Impresiones** Listen to what these people say, and match the captions to the appropriate person.

1. <u>b</u>

2. <u>d</u>

3. <u>c</u>

a. Claro que sí. Soy la jefa.

b. Odio mi trabajo. Me pagan poquísimo (*very little*) y, aparte, mi jefa es súper fastidiosa...

c. Lo que más me gusta de trabajar en Klein Tours es que ayudamos al desarrollo de nuestro país.

d. Bueno, la persona que quiera estar conmigo deberá recibirme con mi profesión, ya que yo no tengo un horario de oficina normal.

Después de ver el video

6 **¿Cierto o falso?** Indicate whether each statement is **cierto** or **falso**. Correct the false statements.

1. Quito es una de las capitales de mayor elevación del mundo. <u>Cierto.</u>

2. La mujer policía trabaja desde muy temprano en la mañana. <u>Cierto.</u>

3. La peluquería de don Alfredo está ubicada en la calle García Moreno, debajo del Mercado Central en el centro de Quito. <u>Falso. La peluquería de don Alfredo está ubicada en la calle García Moreno, debajo del Palacio Presidencial en el centro de Quito.</u>

4. La profesión de don Alfredo es una tradición familiar. <u>Cierto.</u>

5. Klein Tours es una agencia de viajes especializada solamente en excursiones a las islas Galápagos. <u>Falso. Klein Tours es una agencia de viajes especializada en excursiones por todo el territorio del Ecuador.</u>

6. Las principales áreas de trabajo de Klein Tours son ventas, operaciones, *marketing* y el área administrativa. <u>Cierto.</u>

7 **Escribir** Choose a profession that you would like to work in from the following list. Then, write three **ventajas** and three **desventajas** for that profession. Answers will vary.

artista	enfermero/a	peluquero/a
barrendero/a	mesero/a	policía
dentista	payaso/a	vendedor/a

Ventajas	Desventajas
1. _____	1. _____
2. _____	2. _____
3. _____	3. _____

Palacios del arte   Lección 8

Antes de ver el video

1 **Más vocabulario** Look over these words before you watch the video.

<table>
<tr><td colspan="3" align="center">**Vocabulario útil**</td></tr>
<tr><td>alucinante *amazing*</td><td>la infanta *princess*</td><td>la pieza *piece*</td></tr>
<tr><td>brillar *to shine*</td><td>infantil *childlike*</td><td>la planta *floor*</td></tr>
<tr><td>la corte (real) *(royal) court*</td><td>ladrar *to bark*</td><td>recto/a *straight*</td></tr>
<tr><td>dorado/a *golden*</td><td>el lienzo *canvas*</td><td>el Renacimiento *Renaissance*</td></tr>
<tr><td>la época *time, period*</td><td>magistral *masterly*</td><td>el siglo *century*</td></tr>
<tr><td>el estilo *style*</td><td>majo/a *good-looking; nice*</td><td></td></tr>
</table>

2 **Completar** Complete this paragraph about the painting *Las meninas* using words from the list above.

Las meninas es una de las (1) _____piezas_____ más famosas del pintor español Diego Velázquez. Fue hecha a mediados del (2) _____siglo_____ XVI y es un buen ejemplo del (3) _____estilo_____ magistral de este artista. Originalmente, esta pintura se llamó *La familia de Felipe IV*, pero se le cambió el nombre porque en el centro del cuadro aparece la (4) _____infanta_____ Margarita de Austria con dos damas de honor, o meninas. Entre los personajes del cuadro, hay un perro, y es tan real que parece a punto de (5) _____ladrar_____.

3 **¡En español!** Look at the image. Imagine what Mari Carmen will say about **el arte** in Madrid, and write a two- or three-sentence introduction to this episode. Answers will vary.

Mari Carmen Ortiz, España

¡Hola a todos! Hoy estamos en Madrid _____

_____

_____

_____

_____

_____

_____

Mientras ves el video

4 **Marcar** Identify the painters Mari Carmen mentions in the video.

_✓_ 1. Salvador Dalí   ___ 6. Diego Rivera

___ 2. Frida Kahlo   _✓_ 7. Francisco de Goya

_✓_ 3. Diego Velázquez   _✓_ 8. Joan Miró

_✓_ 4. Pablo Picasso   ___ 9. Vincent van Gogh

_✓_ 5. El Greco   ___ 10. Fernando Botero

Lección 8 Flash cultura Video Activities

5 **Emparejar** Match each name with a painting.

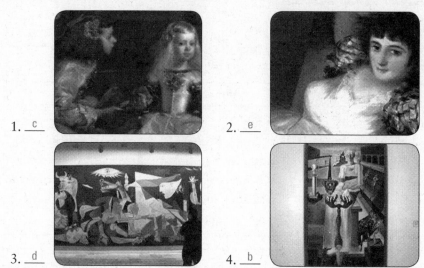

1. __c__   2. __e__

3. __d__   4. __b__

a. *La Inmaculada Concepción*   c. *Las meninas*   e. *La maja vestida*
b. *El hombre invisible*   d. *Guernica*

Después de ver el video

6 **Ordenar** Put Mari Carmen's actions in order.

__3__ a. Recorrió el Museo Nacional Centro de Arte Reina Sofía.
__2__ b. Entró al Museo del Prado.
__4__ c. Habló con distintas personas sobre el *Guernica*, de Pablo Picasso.
__6__ d. Mostró el cuadro *Campesino catalán con guitarra*, de Joan Miró.
__1__ e. Caminó por el Paseo del Prado.
__5__ f. Mostró el cuadro *La Inmaculada Concepción*, de El Greco.

7 **Guía de turistas** Imagine that you work as a tour guide in Madrid and you've been asked to show your tour group the city's museums. Which of the museums that you saw in the video would you take them to first? Write a description of what you would tell the tour group about the paintings there.
Answers will vary.

_____
_____
_____
_____
_____
_____
_____
_____
_____
_____
_____

Puerto Rico: ¿nación o estado?   Lección 9

Antes de ver el video

1 **Más vocabulario** Look over these words before you watch the video.

Vocabulario útil

el agua de coco *coconut water*	la isla *island*	el/la productor(a) *producer*
el/la boricua *Puerto Rican*	los lazos *ties*	las relaciones exteriores
convertirse *to become*	la nación independiente	*foreign policy*
la estadidad *statehood*	*independent nation*	la soberanía *sovereignty*
el estado libre asociado	el parangón *comparison*	la vacuna *vaccine*
associated free state	permanecer *to stay; to remain*	valorar *to value*

2 **Completar** Fill in the blanks using words from the list above.

1. En Puerto Rico, el ____agua de coco____ es una bebida muy popular.
2. Otro nombre para los puertorriqueños es ____boricuas____.
3. Para viajar a Puerto Rico desde los EE.UU. no hacen falta las ____vacunas____.
4. Hay puertorriqueños que quieren que su país siga siendo un estado ____libre____ asociado.
5. Algunos puertorriqueños desean que su país se convierta en una nación ____independiente____.

3 **¡En español!** Look at the image. Imagine what Diego will say about politics in Puerto Rico, and write a two- or three-sentence introduction to this episode. Answers will vary.

Diego Palacios, Puerto Rico

Saludos y bienvenidos... _____
_____
_____
_____
_____
_____
_____
_____

Mientras ves el video

4 **¿Qué ves?** Identify what you see in the video.

_____ 1. un caballo   ___✔___ 5. un mapa
___✔___ 2. un avión   ___✔___ 6. un cajero automático
_____ 3. una ballena   _____ 7. un gimnasio
___✔___ 4. el mar   ___✔___ 8. un buzón

5 **Opiniones** Listen to what these people say, and match the caption with a person.

1. _d_

2. _e_

3. _c_

4. _a_

a. ¿Por qué cambiarlo si es lo mejor de dos mundos?
b. Nos gusta el estilo americano.
c. Yo prefiero que Puerto Rico se quede como está.

d. Yo quiero la estadidad, no hay nada más.
e. Yo creo que Puerto Rico debe ser
   independiente ahora.

Después de ver el video

6 **¿Cierto o falso?** Indicate whether each statement is **cierto** or **falso**.

1. En Puerto Rico, hay casi dos millones de habitantes. ___Falso.___
2. Los puertorriqueños pueden votar para elegir al presidente de los Estados Unidos. ___Falso.___
3. Puerto Rico es un territorio de los Estados Unidos. ___Cierto.___
4. La moneda de Puerto Rico es el dólar estadounidense. ___Cierto.___
5. La aduana de la isla está a cargo del gobierno de Puerto Rico. ___Falso.___
6. Todos los puertorriqueños están de acuerdo en que su país sea un estado libre asociado. ___Falso.___

7 **Eres de Puerto Rico** Imagine that you are Puerto Rican and you are preparing to address Congress.
Write a speech explaining your position on the status of Puerto Rico and defend your argument.

Answers will vary.

_____
_____
_____
_____
_____
_____
_____
_____
_____
_____
_____

contextos   Lección 1

1 Identificar You will hear a series of words. Write each one in the appropriate category.

> **modelo**
> *You hear:* el hospital.
> *You write:* **el hospital** under **Lugares**.

Lugares	Medicinas	Condiciones y síntomas médicos
el hospital	la aspirina	la tos
la sala de emergencia	la pastilla	el resfriado
la farmacia	el antibiótico	la gripe
el consultorio		la fiebre

2 Describir For each drawing, you will hear two statements. Choose the one that corresponds to the drawing.

1. a.   (b.)   2. a.   (b.)

3. (a.)   b.   4. a.   (b.)

pronunciación

c (before a consonant) and q

In Spanish, the letter **c** before the vowels **a**, **o**, and **u** is pronounced like the *c* in the English word *car*. When the letter **c** appears before any consonant except **h**, it is also pronounced like the *c* in *car*.

clínica   bici**cl**eta   **cr**ema   do**ct**ora   o**ct**ubre

In Spanish, the letter **q** is always followed by an **u**, which is silent. The combination **qu** is pronounced like the *k* sound in the English word *kitten*. Remember that the sounds **kwa**, **kwe**, **kwi**, **kwo**, and **koo** are always spelled with the combination **cu** in Spanish, never with **qu**.

querer   par**que**   **qu**eso   **qu**ímica   mante**qu**illa

1 **Práctica** Repeat each word after the speaker, focusing on the **c** and **q** sounds.

1. quince
2. querer
3. pequeño
4. equipo
5. conductor
6. escribir
7. contacto
8. increíble
9. aquí
10. ciclismo
11. electrónico
12. quitarse

2 **Oraciones** When you hear the number, read the corresponding sentence aloud. Then listen to the speaker and repeat the sentence.

1. El doctor Cruz quiso sacarle un diente.
2. Clara siempre se maquilla antes de salir de casa.
3. ¿Quién perdió su equipaje?
4. Pienso comprar aquella camisa porque me queda bien.
5. La chaqueta cuesta quinientos cuarenta dólares, ¿no?
6. Esa clienta quiere pagar con tarjeta de crédito.

3 **Refranes** Repeat each saying after the speaker to practice the **c** and the **q** sounds.

1. Ver es creer. [1]
2. Quien mal anda, mal acaba. [2]

4 **Dictado** You will hear five sentences. Each will be said twice. Listen carefully and write what you hear.

1. Esta mañana Cristina se despertó enferma.

2. Le duele todo el cuerpo y no puede levantarse de la cama.

3. Cree que es la gripe y va a tener que llamar a la clínica de la universidad.

4. Cristina no quiere perder otro día de clase, pero no puede ir porque está muy mareada.

5. Su compañera de cuarto va a escribirle un mensaje electrónico a la profesora Crespo porque hoy tienen un examen en su clase.

[1] *Seeing is believing.*
[2] *He who lives badly, ends badly.*

Audio Activities

estructura

1.1 The imperfect tense

1 Identificar Listen to each sentence and circle the verb tense you hear.

1. a. present   b. preterite   (c.) imperfect   6. a. present   b. preterite   (c.) imperfect
2. a. present   (b.) preterite   c. imperfect   7. a. present   (b.) preterite   c. imperfect
3. a. present   b. preterite   (c.) imperfect   8. a. present   b. preterite   (c.) imperfect
4. (a.) present b. preterite   c. imperfect   9. (a.) present b. preterite   c. imperfect
5. a. present   (b.) preterite   c. imperfect   10. a. present   (b.) preterite   c. imperfect

2 Cambiar Form a new sentence using the cue you hear. Repeat the correct answer after the speaker.
(6 *items*)

> **modelo**
> Iban a casa. (Eva)
> Eva iba a casa.

3 Preguntas A reporter is writing an article about funny things people used to do when they were children. Answer her questions using the cues. Then repeat the correct response after the speaker.

> **modelo**
> *You hear:* ¿Qué hacía Miguel de niño?
> *You see:* ponerse pajitas (*straws*) en la nariz
> *You say:* Miguel se ponía pajitas en la nariz.

1. quitarse los zapatos en el restaurante   4. jugar con un amigo invisible
2. vestirnos con la ropa de mamá   5. usar las botas de su papá
3. sólo querer comer dulces   6. comer con las manos

4 Completar Listen to this description of Ángela's medical problem and write the missing words.

(1) _____Sufría_____ Ángela porque (2) _____estornudaba_____ día y noche.

(3) _____Pensaba_____ que (4) _____tenía_____ un resfriado, pero se

(5) _____sentía_____ bastante saludable. Se (6) _____iba_____ de la biblioteca después

de poco tiempo porque les (7) _____molestaba_____ a los otros estudiantes. Sus amigas, Laura y

Petra, siempre le (8) _____decían_____ que (9) _____tenía_____ alguna alergia. Por fin,

decidió hacerse un examen médico. La doctora le dijo que ella (10) _____era_____

alérgica y que (11) _____había_____ muchas medicinas para las alergias. Finalmente, le

recetó unas pastillas. Al día siguiente (*following*), Ángela se (12) _____sentía_____ mejor

porque (13) _____sabía_____ cuál era el problema y ella dejó de estornudar después de

tomar las pastillas.

Audio Activities

1.2 The preterite and the imperfect

1 **Identificar** Listen to each statement and identify the verbs in the preterite and the imperfect. Write them in the appropriate column.

> **modelo**
>
> *You hear:* Cuando llegó la ambulancia, el esposo estaba mareado.
> *You write:* **llegó** under *preterite*, and **estaba** under *imperfect*.

	preterite	imperfect
Modelo	llegó	estaba
1.	tomó	estaba
2.	lastimé	jugaba
3.	tenía	estudiaba
4.	estábamos	llegó
5.	dolió	sacó
6.	fui	recetó
7.	dolían	era
8.	llevó	dolía

2 **Responder** Answer the questions using the cues. Substitute direct object pronouns for the direct object nouns when appropriate. Repeat the correct response after the speaker.

> **modelo**
>
> *You hear:* ¿Por qué no llamaste al médico la semana pasada?
> *You see:* perder su número de teléfono
> *You say:* Porque perdí su número de teléfono.

1. en la mesa de la cocina
2. tener ocho años
3. lastimarse el tobillo
4. no, ponerla en la mochila
5. tomarse las pastillas
6. no, pero tener una grave infección de garganta
7. toda la mañana
8. (yo) necesitar una radiografía de la boca

3 **¡Qué nervios!** Listen as Sandra tells a friend about her day. Then read the statements and decide whether they are **cierto** or **falso**.

	Cierto	Falso
1. Sandra tenía mucha experiencia poniendo inyecciones.	○	⊘
2. La enfermera tenía un terrible dolor de cabeza.	○	⊘
3. La enfermera le dio una pastilla a Sandra.	⊘	○
4. El paciente trabajaba en el hospital con Sandra.	○	⊘
5. El paciente estaba muy nervioso.	○	⊘
6. Sandra le puso la inyección mientras él hablaba.	⊘	○

1.3 Constructions with **se**

1 **Escoger** Listen to each question and choose the most logical response.

1. a. Ay, se te quedó en casa.
   (b.) Ay, se me quedó en casa.

2. (a.) No, se le olvidó llamarlo.
   b. No, se me olvidó llamarlo.

3. (a.) Se le rompieron jugando al fútbol.
   b. Se les rompieron jugando al fútbol.

4. a. Ay, se les olvidaron.
   (b.) Ay, se nos olvidó.

5. (a.) No, se me perdió.
   b. No, se le perdió.

6. (a.) Se nos rompió.
   b. Se le rompieron.

2 **Preguntas** Answer each question you hear using the cue and the impersonal **se**. Repeat the correct response after the speaker.

> **modelo**
> *You hear:* ¿Qué lengua se habla en Costa Rica?
> *You see:* español
> *You say:* Se habla español.

1. a las seis

2. gripe

3. en la farmacia

4. en la caja

5. en la Oficina de Turismo

6. tomar el autobús #3

3 **Letreros (*Signs*)** Some or all of the type is missing on the signs. Listen to the speaker and write the appropriate text below each sign. The text for each sign will be repeated.

(3.) Se sale por la derecha.

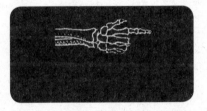

(4.) ¡No se puede hacer radiografías a mujeres embarazadas! Favor de informar a la enfermera si piensa que está embarazada.

(1.) Se venden casas y apartamentos.
Precios razonables.

(2.) ¡Nos preocupamos por su salud! Se prohíbe fumar en el hospital.

Audio Activities

1.4 Adverbs

1 **Completar** Listen to each statement and circle the word or phrase that best completes it.

1. a. casi   b. mal   c. ayer

2. a. con frecuencia   b. además   c. ayer

3. a. poco   b. tarde   c. bien

4. a. a menudo   b. muy   c. menos

5. a. así   b. apenas   c. tranquilamente

6. a. bastante   b. a tiempo   c. normalmente

2 **Cambiar** Form a new sentence by changing the adjective to an adverb. Repeat the correct answer after the speaker.

> **modelo**
> *You hear:* Juan dibuja.
> *You see:* fabuloso
> *You say:* Juan dibuja fabulosamente.

1. regular   4. constante

2. rápido   5. general

3. feliz   6. fácil

3 **Preguntas** Answer each question you hear in the negative, using the cue. Repeat the correct response after the speaker.

> **modelo**
> *You hear:* ¿Salió bien la operación?
> *You see:* mal
> *You say:* No, la operación salió mal.

1. lentamente   4. nunca

2. tarde   5. tristemente

3. muy   6. poco

4 **Situaciones** You will hear four brief conversations. Choose the phrase that best completes each sentence.

1. Mónica...
   a. llegó tarde al aeropuerto.
   b. casi perdió el avión a San José.
   c. decidió no ir a San José.

2. Pilar...
   a. se preocupa por la salud de Tomás.
   b. habla con su médico.
   c. habla con Tomás sobre un problema médico.

3. La señora Blanco...
   a. se rompió la pierna hoy.
   b. quiere saber si puede correr mañana.
   c. se lastimó el tobillo hoy.

4. María está enojada porque Vicente...
   a. no va a recoger (*to pick up*) su medicina.
   b. no recogió su medicina ayer.
   c. no debe tomar antibióticos.

vocabulario

You will now hear the vocabulary found in your textbook on the last page of this lesson. Listen and repeat each Spanish word or phrase after the speaker.

Audio Activities

contextos

Lección 2

1 **Asociaciones** Circle the word or words that are not logically associated with each word you hear.

1. la impresora   (la velocidad)   la pantalla
2. guardar   imprimir   (funcionar)
3. la carretera   el motor   (el sitio web)
4. el tanque   (el ratón)   el aceite
5. conducir   (el cibercafé)   (el reproductor de MP3)
6. (el archivo)   la televisión   (la llanta)

2 **¿Lógico o ilógico?** You will hear some statements. Decide if they are **lógico** or **ilógico**.

	Lógico	Ilógico			Lógico	Ilógico
1.	○	✓		4.	✓	○
2.	✓	○		5.	✓	○
3.	○	✓		6.	○	✓

3 **Identificar** For each drawing, you will hear two statements. Choose the statement that best corresponds to the drawing.

1. (a.)   b.   2. a.   (b.)

3. (a.)   b.   4. (a.)   b.

Audio Activities

pronunciación

c (before e or i), s, and z

In Latin America, **c** before **e** or **i** sounds much like the *s* in *sit*.

medicina	celular	conocer	paciente

In parts of Spain, **c** before **e** or **i** is pronounced like the *th* in *think*.

conducir	policía	cederrón	velocidad

The letter **s** is pronounced like the *s* in *sit*.

subir	besar	sonar	impresora

In Latin America, the Spanish **z** is pronounced like the **s**.

cabeza	nariz	abrazar	embarazada

The **z** is pronounced like the *th* in *think* in parts of Spain.

zapatos	zona	plaza	brazo

1 **Práctica** Repeat each word after the speaker to practice pronouncing **s**, **z**, and **c** before **i** and **e**.

1. funcionar
2. policía
3. receta
4. sitio
5. disco
6. zapatos
7. zanahoria
8. marzo
9. comenzar
10. perezoso
11. quizás
12. operación

2 **Oraciones** When you hear each number, read the corresponding sentence aloud. Then listen to the speaker and repeat the sentence.

1. Vivió en Buenos Aires en su niñez, pero siempre quería pasar su vejez en Santiago.
2. Cecilia y Zulaima fueron al centro a cenar al restaurante Las Delicias.
3. Sonó el despertador a las seis y diez, pero estaba cansado y no quiso oírlo.
4. Zacarías jugaba al baloncesto todas las tardes después de cenar.

3 **Refranes** Repeat each saying after the speaker to practice pronouncing **s**, **z**, and **c** before **i** and **e**.

1. Zapatero, a tus zapatos. [1]
2. Primero es la obligación que la devoción. [2]

4 **Dictado** You will hear a friend describing Azucena's weekend experiences. Listen carefully and write what you hear during the pauses. The entire passage will be repeated so that you can check your work.

El sábado pasado Azucena iba a salir con Francisco. Se subió al carro e intentó arrancarlo, pero no funcionaba.

El carro tenía gasolina y, como revisaba el aceite con frecuencia, sabía que tampoco era eso. Decidió tomar un autobús

cerca de su casa. Se subió al autobús y comenzó a relajarse. Debido a la circulación llegó tarde, pero se alegró de ver que

Francisco estaba esperándola.

_____

_____

[1] *Stick to what you know. (lit. Shoemaker, to your shoes.)*
[2] *Business before pleasure.*

Audio Activities

estructura

2.1 Familiar commands

1 **Identificar** You will hear some sentences. If the verb is a **tú** command, circle **Sí**. If the verb is not a **tú** command, circle **No**.

> **modelo**
> *You hear:* Ayúdanos a encontrar el control remoto.
> *You circle:* **Sí** *because* **Ayúdanos** is a **tú** *command.*

1. Sí (No)
2. Sí (No)
3. (Sí) No
4. (Sí) No
5. (Sí) No

6. Sí (No)
7. Sí (No)
8. (Sí) No
9. Sí (No)
10. (Sí) No

2 **Cambiar** Change each command you hear to the negative. Repeat the correct answer after the speaker. (*8 items*)

> **modelo**
> Cómprame un reproductor de DVD.
> *No me compres un reproductor de DVD.*

3 **Preguntas** Answer each question you hear using an affirmative **tú** command. Repeat the correct response after the speaker. (*7 items*)

> **modelo**
> ¿Estaciono aquí?
> *Sí, estaciona aquí.*

4 **Consejos prácticos** You will hear a conversation among three friends. Using **tú** commands and the ideas presented, write six pieces of advice that Mario can follow to save some money.

1. Usa el transporte público.

2. Compra un carro más pequeño.

3. Habla menos por teléfono.

4. Cancela la televisión por cable.

5. Vende tu teléfono celular.

6. Paga las luces, la televisión y la computadora.

Lección 2 Audio Activities   **115**

Audio Activities

2.2 Por and para

1 **Escoger** You will hear some sentences with a beep in place of a preposition. Decide if **por** or **para** should complete each sentence.

> **modelo**
> *You hear:* El teclado es (*beep*) la computadora de Nuria.
> *You mark:* an **X** under **para**.

	por	para
Modelo		X
1.		X
2.		X
3.	X	
4.	X	
5.	X	
6.	X	
7.		X
8.	X	

2 **La aventura** Complete each phrase about Jaime with **por** or **para** and the cue. Repeat each correct response after the speaker.

> **modelo**
> *You hear:* Jaime estudió.
> *You see:* médico
> *You say: Jaime estudió para médico.*

1. unos meses
2. hacer sus planes
3. mil dólares
4. ver a sus padres
5. la ciudad
6. su mamá
7. pesos
8. las montañas

3 **Los planes** Listen to the telephone conversation between Antonio and Sonia and then select the best response for the questions.

1. ¿Por dónde quiere ir Sonia a Bariloche?
   a. Quiere ir por Santiago de Chile.
   b. Va a ir por avión.
2. ¿Para qué va Sonia a Bariloche?
   a. Va para esquiar.
   b. Va para comprar esquíes.
3. ¿Por qué tiene que ir de compras Sonia?
   a. Para comprar una bolsa.
   b. Necesita un abrigo para el frío.
4. ¿Por qué quiere ir Antonio con ella hoy?
   a. Quiere ir para estar con ella.
   b. Quiere ir para comprar un regalo.

2.3 Reciprocal reflexives

1   Escoger Listen to each question and choose the most logical response.

1. (a.) Hace cuatro años que nos conocimos.
   b. Se vieron todos los fines de semana.
2. a. Nos besamos antes de salir a trabajar.
   (b.) No, creo que se besaron en la segunda.
3. (a.) Nos llevamos mal sólo el último año.
   b. Se llevaron mal siempre.
4. (a.) Sí, se saludan con un abrazo y también con un beso.
   b. Nos saludamos desde lejos.
5. a. Casi nunca me miraban.
   (b.) Creo que se miraban con mucho amor.
6. (a.) Sólo nos ayudamos para el examen.
   b. Se ayudan a menudo.
7. (a.) Creo que se hablan todas las noches.
   b. Le hablan mucho porque tienen celulares.
8. a. Cuando se casaron se querían mucho.
   (b.) Cada día nos queremos más.

2   Responder Answer each question in the affirmative. Repeat the correct answer after the speaker.
(6 *items*)

> **modelo**
> ¿Se abrazaron tú y Carolina en la primera cita?
> Sí, nos abrazamos en la primera cita.

3   Los amigos Listen to a description of a friendship and then choose the phrase that best completes each sentence.

1. Desde los once años, los chicos _____ con frecuencia.
   (a.) se veían   b. se ayudaban   c. se besaban
2. Samuel y Andrea _____ por la amistad (*friendship*) de sus madres.
   a. se escribían   b. se entendían   (c.) se conocieron
3. Las madres de Andrea y Samuel...
   a. se ayudaban.   (b.) se conocían bien.   c. se odiaban.
4. Andrea y Samuel no _____ por un tiempo debido a (*due to*) un problema.
   a. se conocieron   (b.) se hablaron   c. se ayudaron
5. Después de un tiempo...
   a. se besaron.   (b.) se pidieron perdón.   c. se odiaron.
6. La separación sirvió para enseñarles que...
   (a.) se querían.   b. se hablaban mucho.   c. se conocían bien.
7. No es cierto. Andrea y Samuel no...
   (a.) se casaron.   b. se entendían bien.   c. se querían.
8. Los dos amigos _____ por un tiempo.
   a. se besaban   b. se comprometieron   (c.) se llevaron mal

2.4 Stressed possessive adjectives and pronouns

1 **Identificar** Listen to each statement and mark an **X** in the column identifying the possessive pronoun you hear.

> **modelo**
> *You hear:* Ya arreglaron todos los coches, pero el tuyo no.
> *You write:* an **X** under **yours**.

	mine	yours	his/hers	ours	theirs
Modelo		X			
1.	X				
2.		X			
3.			X		
4.					X
5.				X	
6.	X				
7.		X			
8.			X		

2 **Transformar** Restate each sentence you hear, using the cues below. Repeat the correct answer after the speaker.

> **modelo**
> *You hear:* ¿De qué año es el carro suyo?
> *You see:* mine
> *You say:* ¿De qué año es el carro mío?

1. *his*   3. *yours (fam.)*   5. *mine*
2. *ours*   4. *theirs*   6. *hers*

3 **¿Cierto o falso?** You will hear two brief conversations. Listen carefully and then indicate whether the statements are **cierto** or **falso**.

	Cierto	Falso
Conversación 1		
1. Pablo dice que el carro es de Ana.	○	⊘
2. Ana necesita la computadora para su trabajo.	○	⊘
3. Las películas de Ana son mejores que las de Pablo.	⊘	○
Conversación 2		
4. La computadora de Adela es muy rápida.	○	⊘
5. El navegador GPS de la prima de Adela es muy bueno.	○	⊘
6. El navegador es más de Adela que de ellos dos.	⊘	○

vocabulario

You will now hear the vocabulary found in your textbook on the last page of this lesson. Listen and repeat each Spanish word or phrase after the speaker.

Audio Activities

contextos

1 Describir Listen to each sentence and write the number of the sentence below the drawing of the household item mentioned.

a. _____3_____

b. _____7_____

c. _____2_____

d. _____8_____

e. _____6_____

f. _____1_____

g. _____4_____

h. _____5_____

2 Identificar You will hear a series of words. Write the word that does not belong in each series.

1. _____el armario_____   4. _____la pared_____   7. _____la servilleta_____

2. _____el tenedor_____   5. _____el alquiler_____   8. _____la vivienda_____

3. _____el cartel_____   6. _____el cubierto_____

3 Quehaceres domésticos Your children are complaining about the state of things in your house. Respond to their complaints by telling them what household chores they should do to correct the situation. Repeat the correct response after the speaker. (*6 items*)

> **modelo**
>
> La ropa está arrugada (*wrinkled*).
> *Debes planchar la ropa.*

4 En la oficina de la agente inmobiliaria Listen to this conversation between Mr. Fuentes and a real estate agent. Then read the statements and decide whether they are **cierto** or **falso**.

	Cierto	Falso
1. El señor Fuentes quiere alquilar una casa.	○	⦿
2. El señor Fuentes quiere vivir en las afueras.	⦿	○
3. Él no quiere pagar más de 900 balboas al mes.	○	⦿
4. Él vive solo (*alone*).	○	⦿
5. El edificio de apartamentos tiene ascensor.	⦿	○
6. El apartamento tiene lavadora.	○	⦿

pronunciación

The letter x

In Spanish, the letter **x** has several sounds. When the letter **x** appears between two vowels, it is usually pronounced like the *ks* sound in *eccentric* or the *gs* sound in *egg salad*.

> con**ex**ión   e**xa**men   sa**xo**fón

If the letter **x** is followed by a consonant, it is pronounced like *s* or *ks*.

> e**xp**licar   se**xt**o   e**xc**ursión

In Old Spanish, the letter **x** had the same sound as the Spanish **j**. Some proper names and some words from native languages like Náhuatl and Maya have retained this pronunciation.

> Don Qui**x**ote   Oa**x**aca   Te**x**as

1 **Práctica** Repeat each word after the speaker, focusing on the **x** sound.

1. éxito	5. expedición	9. excepto
2. reflexivo	6. mexicano	10. exagerar
3. exterior	7. expresión	11. contexto
4. excelente	8. examinar	12. Maximiliano

2 **Oraciones** When you hear the number, read the corresponding sentence aloud. Then listen to the speaker and repeat the sentence.

1. Xavier Ximénez va de excursión a Ixtapa.
2. Xavier es una persona excéntrica y se viste de trajes extravagantes.
3. Él es un experto en lenguas extranjeras.
4. Hoy va a una exposición de comidas exóticas.
5. Prueba algunos platos exquisitos y extraordinarios.

3 **Refranes** Repeat each saying after the speaker to practice the **x** sound.

1. Ir por extremos no es de discretos. [1]
2. El que de la ira se deja vencer, se expone a perder. [2]

4 **Dictado** You will hear five sentences. Each will be said twice. Listen carefully and write what you hear.

1. Doña Ximena vive en un edificio de apartamentos en el extremo de la Ciudad de México.

2. Su apartamento está en el sexto piso.

3. Ella es extranjera.

4. Viene de Extremadura, España.

5. A doña Ximena le gusta ir de excursión y le fascina explorar lugares nuevos.

[1] *Prudent people don't go to extremes.*
[2] *He who allows anger to overcome him, risks losing.*

Audio Activities

estructura

3.1 Relative pronouns

1 **Escoger** You will hear some sentences with a beep in place of the relative pronoun. Decide whether **que**, **quien**, or **lo que** should complete each sentence and circle it.

> *modelo*
>
> You hear: (Beep) me gusta de la casa es el jardín.
> You circle: **Lo que** *because the sentence is* **Lo que me gusta de la casa es el jardín.**

1. (que)   quien   lo que   6. (que)   quien   lo que
2. que   (quien)   lo que   7. Que   Quien   (Lo que)
3. (que)   quien   lo que   8. (que)   quien   lo que
4. que   quien   (lo que)   9. que   (quien)   lo que
5. que   quien   (lo que)   10. que   quien   (lo que)

2 **Completar** You will hear some incomplete sentences. Choose the correct ending for each sentence.

1. a. con que trabaja tu amiga.
   (b.) que se mudó a Portobelo.
2. (a.) que vende muebles baratos.
   b. que trabajábamos.
3. (a.) a quienes escribí son mis primas.
   b. de quien te escribí.
4. a. con que barres el suelo.
   (b.) que queremos vender.
5. (a.) lo que deben.
   b. que deben.
6. a. que te hablo es ama de casa.
   (b.) en quien pienso es ama de casa.

3 **Preguntas** Answer each question you hear using a relative pronoun and the cues. Repeat the correct response after the speaker.

> *modelo*
>
> You hear: ¿Quiénes son los chicos rubios?
> You see: mis primos / viven en Colón
> You say: Son mis primos que viven en Colón.

1. chica / conocí en el café
2. el cliente / llamó ayer
3. chico / se casa Patricia
4. agente / nos ayudó
5. vecinos / viven en la casa azul
6. chica / trabajo

4 **Un robo (break-in)** There has been a theft at the Riveras' house. The detective they have hired has gathered all the family members in the living room to reveal the culprit. Listen to his conclusions. Then complete the list of clues (**pistas**) and answer the question.

Pistas

1. El reloj que _estaba roto_ .
2. La taza que _estaba sucia (en el lavaplatos)_ .
3. La almohada que _tenía dos pelos (pelirrojos)_ .

Pregunta

¿Quién se llevó las cucharas de la abuela y por qué se las llevó? _La tía Matilde se llevó las cucharas de la abuela porque necesitaba dinero._

3.2 Formal (usted/ustedes) commands

1 **Identificar** You will hear some sentences. If the verb is a formal command, circle **Sí**. If the verb is not a command, circle **No**.

> *modelo*
>
> *You hear:* Saque la basura.
> *You circle:* **Sí** because **saque** is a formal command.

1. Sí (No)
2. (Sí) No
3. (Sí) No
4. Sí (No)
5. (Sí) No

6. (Sí) No
7. Sí (No)
8. Sí (No)
9. Sí (No)
10. (Sí) No

2 **Cambiar** A physician is giving a patient advice. Change each sentence you hear from an indirect command to a formal command. Repeat the correct answer after the speaker. (*6 items*)

> *modelo*
>
> Usted tiene que dormir ocho horas cada noche.
> *Duerma ocho horas cada noche.*

3 **Preguntas** Answer each question you hear in the affirmative using a formal command and a direct object pronoun. Repeat the correct response after the speaker. (*8 items*)

> *modelo*
>
> ¿Cerramos las ventanas?
> *Sí, ciérrenlas.*

4 **Más preguntas** Answer each question you hear using a formal command and the cue. Repeat the correct response after the speaker.

> *modelo*
>
> *You hear:* ¿Debo llamar al señor Rodríguez?
> *You see:* no / ahora
> *You say:* No, no lo llame ahora.

1. no
2. a las cinco
3. sí / aquí

4. no
5. el primer día del mes
6. que estamos ocupados

5 **¿Cómo llegar?** Julia is going to explain how to get to her home. Listen to her instructions, then number the instructions in the correct order. Two items will not be used.

___2___ a. entrar al edificio que está al lado del Banco Popular

_____ b. tomar el ascensor al cuarto piso

___5___ c. buscar las llaves debajo de la alfombra

_____ d. ir detrás del edificio

___1___ e. bajarse del metro en la estación Santa Rosa

___3___ f. subir las escaleras al tercer piso

___4___ g. caminar hasta el final del pasillo

Audio Activities

3.3 The present subjunctive

1 **Escoger** You will hear some sentences with a beep in place of a verb. Decide which verb should complete each sentence and circle it.

> **modelo**
>
> *You hear:* Es urgente que (*beep*) al médico.
> *You see:* vas vayas
> *You circle:* **vayas** because the sentence is **Es urgente que vayas al médico**.

1. tomamos   (tomemos)
2. (conduzcan)   conducen
3. (aprenda)   aprendo
4. arreglas   (arregles)

5. se acuestan   (se acuesten)
6. sabes   (sepas)
7. (almorcemos)   almorzamos
8. (se mude)   se muda

2 **Cambiar** You are a Spanish instructor, and it's the first day of class. Tell your students what is important for them to do using the cues you hear. (*8 items*)

> **modelo**
>
> hablar español en la clase
> **Es importante que ustedes hablen español en la clase.**

3 **Transformar** Change each sentence you hear to the subjunctive mood using the expression. Repeat the correct answer after the speaker.

> **modelo**
>
> *You hear:* Pones tu ropa en el armario.
> *You see:* Es necesario.
> *You say:* **Es necesario que pongas tu ropa en el armario.**

1. Es mejor.
2. Es urgente.
3. Es malo.

4. Es importante.
5. Es bueno.
6. Es necesario.

4 **¿Qué pasa aquí?** Listen to this conversation. Then choose the phrase that best completes each sentence.

1. Esta conversación es entre…
   a. un empleado y una clienta.
   b. un hijo y su madre.
   c. un camarero y la dueña de un restaurante.
2. Es necesario que Mario…
   a. llegue temprano.
   b. se lave las manos.
   c. use la lavadora.
3. Es urgente que Mario…
   a. ponga las mesas.
   b. quite las mesas.
   c. sea listo.

Audio Activities

3.4 Subjunctive with verbs of will and influence

1 **Identificar** Listen to each sentence. If you hear a verb in the subjunctive, mark **Sí**. If you don't hear the subjunctive, mark **No**.

1. (Sí) No   4. Sí (No)
2. Sí (No)   5. Sí (No)
3. (Sí) No   6. (Sí) No

2 **Transformar** Some people are discussing what they or their friends want to do. Say that you don't want them to do those things. Repeat the correct response after the speaker. (6 *items*)

> modelo
>
> Esteban quiere invitar a tu hermana a una fiesta.
> No quiero que Esteban invite a mi hermana a una fiesta.

3 **Situaciones** Listen to each situation and make a recommendation using the cues. Repeat the correct response after the speaker.

> modelo
>
> *You hear:* Sacamos una "F" en el examen de química.
> *You see:* estudiar más
> *You say:* Les recomiendo que estudien más.

1. ponerte un suéter   4. no hacerlo
2. quedarse en la cama   5. comprarlas en La Casa Bonita
3. regalarles una tostadora   6. ir a La Cascada

4 **¿Qué hacemos?** Listen to this conversation and answer the questions.

1. ¿Qué quiere el señor Barriga que hagan los chicos?

   El señor Barriga quiere que los chicos le paguen el alquiler (hoy mismo).

2. ¿Qué le pide el chico?

   (El chico) Le pide que les dé más tiempo.

3. ¿Qué les sugiere el señor a los chicos?

   Les sugiere que les pidan dinero a sus padres y que Juan Carlos encuentre otro trabajo pronto.

4. ¿Qué tienen que hacer los chicos si no consiguen el dinero?

   Los chicos tienen/van a tener que mudarse.

5. Al final, ¿en qué insiste el señor Barriga?

   Al final, el señor Barriga insiste en que le paguen el alquiler mañana por la mañana.

vocabulario

You will now hear the vocabulary found in your textbook on the last page of this lesson. Listen and repeat each Spanish word or phrase after the speaker.

contextos

Lección 4

1 **¿Lógico o ilógico?** You will hear some questions and the responses. Decide if they are **lógico** or **ilógico**.

1. (Lógico)   Ilógico
2. Lógico   (Ilógico)
3. (Lógico)   Ilógico

4. Lógico   (Ilógico)
5. (Lógico)   Ilógico
6. (Lógico)   Ilógico

2 **Eslóganes** You will hear some slogans created by environmentalists. Write the number of each slogan next to the ecological problem it addresses.

___4___ a. la contaminación del aire
___1___ b. la deforestación urbana
___5___ c. la extinción de animales

___3___ d. la contaminación del agua
___6___ e. el ecoturismo
___2___ f. la basura en las calles

3 **Preguntas** Look at the drawings and answer each question you hear. Repeat the correct response after the speaker.

1.

2.

3.

4.

4 **Completar** Listen to this radio advertisement and write the missing words.

Para los que gustan del (1) ___ecoturismo___, la agencia Eco-Guías los invita a viajar a la

(2) ___selva___ amazónica. Estar en el Amazonas es convivir (*to coexist*) con la

(3) ___naturaleza___. Venga y (4) ___descubra___ los misterios del

(5) ___bosque tropical___. Admire de cerca las diferentes (6) ___plantas___ y

(7) ___pájaros___ mientras navega por un (8) ___río___ que parece

mar. Duerma bajo un (9) ___cielo___ lleno de (10) ___estrellas___.

Audio Activities

pronunciación

I, II, and y

In Spanish, the letter **I** is pronounced much like the *l* sound in the English word *lemon*.

| cie**l**o | **l**ago | **l**ata | **l**una |

You have learned that most Spanish speakers pronounce the digraph **II** like the *y* in the English word *yes*. The letter **y** is often pronounced in the same manner.

| estre**ll**a | va**ll**e | ma**y**o | pla**y**a |

When the letter **y** occurs at the end of a syllable or by itself, it is pronounced like the Spanish letter **i**.

| le**y** | mu**y** | vo**y** | **y** |

---

1 **Práctica** Repeat each word after the speaker focusing on the **I, II,** and **y** sounds.

1. lluvia	4. reciclar	7. limón	10. pantalla	13. taller
2. desarrollar	5. llegar	8. raya	11. yogur	14. hay
3. animal	6. pasillo	9. resolver	12. estoy	15. mayor

2 **Oraciones** When you hear the number, read the corresponding sentence aloud. Then listen to the speaker and repeat the sentence.

1. Ayer por la mañana Leonor se lavó el pelo y se maquilló.
2. Ella tomó café con leche y desayunó pan con mantequilla.
3. Después su yerno vino a su casa para ayudarla.
4. Pero él se cayó en las escaleras del altillo y se lastimó la rodilla.
5. Leonor lo llevó al hospital.
6. Allí le dieron unas pastillas para el dolor.

3 **Refranes** Repeat each saying after the speaker to practice the **I, II,** and **y** sounds.

1. Quien no oye consejo no llega a viejo. [1]
2. A caballo regalado, no le mires el diente. [2]

4 **Dictado** You will hear five sentences. Each will be said twice. Listen carefully and write what you hear.

1. Sonia Valenzuela es de Barranquilla, Colombia.

2. A ella le importa mucho la ecología.

3. Todos los años ella viaja miles de millas para pedirle a la gente que no destruya la selva.

4. No importa que llueva o haya sol, Sonia lleva su mensaje.

5. Le dice a la gente que la tierra es suya y que todos deben protegerla para controlar la deforestación.

[1] *He who doesn't listen to advice doesn't reach old age.*
[2] *Don't look a gift horse in the mouth.*

Audio Activities

estructura

4.1 The subjunctive with verbs of emotion

1 **Escoger** Listen to each statement and choose the most logical response.

1. (a.) Ojalá que se mejore pronto.
   b. Me alegro de que esté bien.
2. a. Espero que podamos ir a nadar mañana.
   (b.) Es una lástima que ya no lo podamos usar.
3. a. Me sorprende que venga temprano.
   (b.) Siento que se pierda la película.
4. (a.) Temo que el río esté contaminado.
   b. Me alegro de que vea bien.

5. (a.) Es ridículo que el gobierno controle
   cuándo nos bañamos.
   b. Me gusta cepillarme los dientes.
6. a. Es triste que la gente cuide las playas.
   (b.) Me molesta que no hagamos nada
   para mejorar la situación.

2 **Transformar** Change each sentence you hear to the subjunctive mood using the expression below.
Repeat the correct answer after the speaker.

> **modelo**
> *You hear:* Cada año hay menos árboles en el mundo.
> *You see:* Es una lástima.
> *You say:* **Es una lástima que cada año haya menos árboles en el mundo.**

1. Es triste.
2. Es extraño.
3. Es terrible.
4. Es ridículo.
5. Es una lástima.
6. Me molesta.

3 **Preguntas** Answer each question you hear using the cues. Repeat the correct response after
the speaker.

> **modelo**
> *You hear:* ¿De qué tienes miedo?
> *You see:* nosotros / no resolver la crisis de energía
> *You say:* **Tengo miedo de que nosotros no resolvamos la crisis de energía.**

1. Ricardo / estudiar ecología
2. muchas personas / no preocuparse
   por el medio ambiente
3. tú / hacer un viaje a la selva
4. el gobierno / controlar el uso de la
   energía nuclear
5. los turistas / recoger las flores
6. haber / tantas plantas en el desierto

4 **El Club de Ecología** Listen to this conversation. Then read the statements and decide whether they
are **cierto** or **falso**.

	Cierto	Falso
1. Carmen se alegra de que la presidenta del club empiece un programa de reciclaje.	○	⊘
2. Héctor espera que Carmen se enoje con la presidenta.	○	⊘
3. Carmen teme que los otros miembros (*members*) quieran limpiar las playas.	○	⊘
4. A Carmen le gusta ir a la playa.	⊘	○
5. A Héctor le sorprende que Carmen abandone (*resigns from*) el club.	⊘	○
6. Carmen cree que la presidenta va a cambiar de idea.	○	⊘

Audio Activities

4.2 The subjunctive with doubt, disbelief, and denial

1 **Identificar** Listen to each sentence and decide whether you hear a verb in the indicative or the subjunctive in the subordinate clause. Mark an **X** in the appropriate column.

> **modelo**
>
> *You hear:* Creo que Nicolás va de excursión.
> *You mark:* an **X** under *indicative* because you heard **va**.

	indicative	subjunctive
Modelo	X	
1.		X
2.		X
3.	X	
4.	X	
5.		X
6.		X
7.	X	

2 **Cambiar** Change each sentence you hear to the negative. Repeat the correct answer after the speaker. (*7 items*)

> **modelo**
>
> Dudo que haga frío en Bogotá.
> *No dudo que hace frío en Bogotá.*

3 **Te ruego** Listen to this conversation between a father and daughter. Then choose the word or phrase that best completes each sentence.

1. Juanita quiere ir a la selva amazónica para...
   a. vivir con los indios. b. estudiar las aves tropicales. c. estudiar las plantas tropicales.

2. Ella _____ que quiere ir.
   a. está segura de b. no está segura de c. niega

3. Su papá _____ que se enferme de malaria.
   a. está seguro b. teme c. niega

4. Juanita _____ que se enferme.
   a. duda b. no duda c. cree

5. _____ que el papá no quiera que ella vaya.
   a. Es cierto b. No es cierto c. No hay duda de

6. El papá dice que _____ que la selva amazónica es un lugar fantástico.
   a. es improbable b. es imposible c. no cabe duda de

7. _____ Juanita va a la selva amazónica.
   a. Es seguro que b. Tal vez c. No es probable que

8. Juanita _____ que su papá es el mejor papá del mundo.
   a. duda b. no cree c. cree

4.3 The subjunctive with conjunctions

1 **¿Lógico o ilógico?** You will hear some sentences. Decide if they are **lógico** or **ilógico**.

1. Lógico Ilógico
2. Lógico Ilógico
3. Lógico Ilógico
4. Lógico Ilógico
5. Lógico Ilógico
6. Lógico Ilógico

2 **A la entrada del parque** Listen to the park ranger's instructions. Then number the drawings in the correct order.

a. 2

b. 1

c. 4

d. 3

3 **Identificar** Listen to each sentence and mark an **X** in the appropriate column to indicate whether the subordinate clause expresses a future action, a habitual action, or a past action.

modelo

You hear: Voy a ir a caminar por el sendero tan pronto como llegues a casa.
You mark: an **X** under ***future action***.

	future action	*habitual action*	*past action*
Modelo	**X**		
1.		X	
2.	X		
3.			X
4.	X		
5.		X	
6.		X	X

vocabulario

You will now hear the vocabulary found in your textbook on the last page of this lesson. Listen and repeat each Spanish word or phrase after the speaker.

contextos

Lección 5

1 **¿Lógico o ilógico?** You will hear some questions and the responses. Decide if they are **lógico** or **ilógico**.

1. (Lógico)   Ilógico   3. Lógico   (Ilógico)   5. Lógico   (Ilógico)   7. (Lógico)   Ilógico

2. (Lógico)   Ilógico   4. (Lógico)   Ilógico   6. (Lógico)   Ilógico   8. Lógico   (Ilógico)

2 **Hacer diligencias** Look at the drawing and listen to Sofía's description of her day. During each pause, write the name of the place she went. The first one has been done for you.

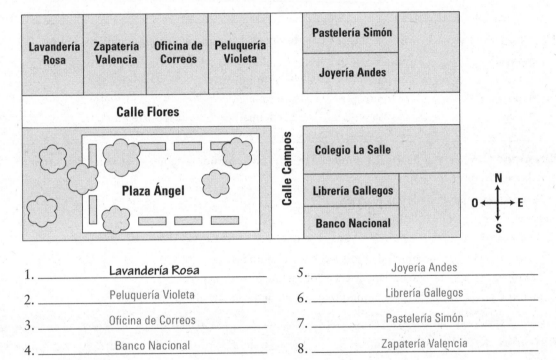

1. _____ Lavandería Rosa _____   5. _____ Joyería Andes _____

2. _____ Peluquería Violeta _____   6. _____ Librería Gallegos _____

3. _____ Oficina de Correos _____   7. _____ Pastelería Simón _____

4. _____ Banco Nacional _____   8. _____ Zapatería Valencia _____

3 **Preguntas** Look once again at the drawing in activity 2 and answer each question you hear with the correct information. Repeat the correct response after the speaker. (*5 items*)

> **modelo**
>
> La joyería está al norte de la plaza, ¿verdad?
> No, la *joyería* está al *este* de la plaza.

4 **Perdidos en el centro** Listen to Carlos and Victoria's conversation and answer the questions.

1. ¿Qué buscan Carlos y Victoria? Buscan el correo.

2. ¿Quién les indica cómo llegar? Un cartero les indica cómo llegar.

3. ¿Qué deben hacer en el semáforo? Deben doblar a la derecha.

4. ¿A cuántas cuadras del semáforo está el lugar? Está a tres cuadras del semáforo.

Audio Activities

Lección 5 Audio Activities   **131**

pronunciación

m and n

The letter **m** is pronounced like the *m* in the English word *made*.

| **m**amá | **m**arzo | **m**andar | **m**esa |

The letter **n** is pronounced like the *n* in the English word *none*.

| **N**orte | **n**adie | **n**unca | **n**ieto |

When **n** is followed by the letter **v**, the **n** is pronounced like the Spanish **m**.

| e**nv**iar | i**nv**ierno | i**nv**itado | co**n V**íctor |

1 **Práctica** Repeat each word or phrase after the speaker to practice pronouncing **m** and **n**.

1. imposible
2. mañana
3. mano
4. manejar
5. número
6. invitar
7. moreno
8. envase
9. enamorado
10. monumento
11. empleado
12. encima
13. matrimonio
14. confirmar
15. con Víctor
16. ningún

2 **Oraciones** When you hear each number, read the corresponding sentence aloud. Then listen to the speaker and repeat the sentence.

1. A mí no me gustan nada los mariscos.
2. En el mercado compro naranjas, melocotones y manzanas.
3. Mañana invito a Mario Martín a cenar conmigo.
4. Mario es el mejor mecánico de motocicletas del mundo.
5. También le importa mucho la conservación del medio ambiente.
6. Siempre envía los envases de aluminio al centro de reciclaje en Valencia.

3 **Refranes** Repeat each saying after the speaker to practice pronouncing **m** and **n**.

1. Más vale poco y bueno que mucho y malo. [1]
2. Mala hierba nunca muere. [2]

4 **Dictado** You will hear a paragraph. Listen carefully and write what you hear during the pauses. The entire paragraph will then be repeated so that you can check your work.

Bienvenidos a Venezuela. En un momento vamos a tomar el moderno metro a un centro comercial en Sabana Grande.

Mañana, vamos a conocer muchos monumentos magníficos y el lugar de nacimiento de Simón Bolívar. El martes, viajamos

a Mérida, una ciudad muy hermosa en las montañas. El miércoles, navegamos en el mar cuarenta millas a la maravillosa

isla Margarita.

_____

_____

[1] *Quality is more important than quantity.*

[2] *Like a bad penny, it just keeps turning up. (lit. Bad grass never dies.)*

Audio Activities

estructura

5.1 The subjunctive in adjective clauses

1 **Identificar** Listen to each statement or question. If it refers to a person, place, or thing that clearly exists or is known, mark an **X** in the **Sí** row. If it refers to a person, place, or thing that either does not exist or whose existence is uncertain, mark an **X** in the **No** row.

> **modelo**
>
> *You hear:* Buscamos un hotel que tenga piscina.
>
> *You mark:* **an X in the No row because the existence of the hotel is uncertain.**

	Modelo	1.	2.	3.	4.	5.	6.
Sí	_____	_____	_____	X	_____	X	_____
No	X	X	X	_____	X	_____	X

2 **Escoger** You will hear some sentences with a beep in place of the verb. Decide which verb best completes each sentence and circle it.

> **modelo**
>
> *You hear:* Tengo una cuenta corriente que (*beep*) gratis. —es —sea
>
> *You circle:* **es** **because the existence of the cuenta corriente is not in doubt.**

1. tiene (tenga)   2. vende (venda)   3. (vende) venda   4. hacen (hagan)

3 **Cambiar** Change each sentence you hear into the negative. Repeat the correct answer after the speaker. (*6 items*)

> **modelo**
>
> Hay un restaurante aquí que sirve comida venezolana.
>
> **No hay ningún restaurante aquí que sirva comida venezolana.**

4 **Buscando amistad** Read the ads for pen pals. Then listen to the four recorded personal ads. Write the name of the person whose written ad best suits each recorded personal ad.

Nombre: Gustavo Carrasquillo
Dirección: Casilla 204, La Paz, Bolivia
Edad: 20 años
Pasatiempos: Ver películas en inglés, leer revistas de política, escalar montañas, esquiar y hacer amistad con jóvenes de todo el mundo. Me pueden escribir en inglés o alemán.

Nombre: Claudia Morales
Dirección: Calle 4–14, Guatemala, Guatemala
Edad: 18 años
Pasatiempos: Ir a conciertos de rock,

escuchar la radio, ver películas extranjeras, mandar y recibir correo electrónico.

Nombre: Alicia Duque
Dirección: Avenida Gran Capitán 26, Córdoba, España
Edad: 18 años
Pasatiempos: Ir al cine y a fiestas, bailar, hablar por teléfono y escribir canciones de amor. Pueden escribirme en francés.

Nombre: Antonio Ávila
Dirección: Apartado Postal 3007, Panamá, Panamá
Edad: 21 años

Pasatiempos: Entre mis pasatiempos están escribir cartas a amigos de todas partes del mundo, escuchar la radio, practicar deportes y leer revistas.

Nombre: Rosalinda Guerrero
Dirección: Calle 408 #3, Hatillo, Puerto Rico
Edad: 19 años
Pasatiempos: Navegar por Internet, leer sobre política, ir a conciertos y visitar museos de arte.

1. _____Claudia Morales_____   3. _____Rosalinda Guerrero_____

2. _____Alicia Duque_____   4. _____Gustavo Carrasquillo_____

Audio Activities

5.2 Nosotros/as commands

1 **Identificar** Listen to each statement. Mark an **X** in the **Sí** row if it is a command. Mark an **X** in the **No** row if it is not.

> **modelo**
> *You hear:* Abramos la tienda.
> *You mark:* an **X** next to **Sí**.

	Modelo	1.	2.	3.	4.	5.	6.
Sí	X	X		X	X		
No			X			X	X

2 **Cambiar** Change each sentence you hear to a **nosotros/as** command. Repeat the correct answer after the speaker. (*8 items*)

> **modelo**
> Vamos a visitar la Plaza Bolívar.
> Visitemos la Plaza Bolívar.

3 **Preguntas** Answer each question you hear negatively. Then make another suggestion using the cue and a **nosotros/as** command.

> **modelo**
> *You hear:* ¿Cocinamos esta noche?
> *You see:* comer en el restaurante Cambur.
> *You say:* No, no cocinemos esta noche. Comamos en el restaurante Cambur.

1. jugar a las cartas
2. esquiarla

3. ir a la biblioteca
4. limpiar el sótano

4 **¿Cierto o falso?** Listen to Manuel and Elisa's conversation. Then read the statements and decide whether they are **cierto** or **falso**.

	Cierto	Falso
1. Manuel está muy ocupado.	○	⊘
2. Manuel va a acompañar a Elisa a hacer diligencias.	⊘	○
3. Primero van a ir al correo para comprar sellos.	○	⊘
4. Elisa quiere depositar el cheque primero.	⊘	○
5. Manuel y Elisa van a comprar el postre antes de ir al banco.	○	⊘
6. Elisa sugiere cortarse el pelo después de hacer todo lo demás.	○	⊘

Audio Activities

5.3 Past participles used as adjectives

1 **Identificar** Listen to each sentence and write the past participle that is being used as an adjective.

> **modelo**
> *You hear:* Los programas musicales son divertidos.
> *You write:* **divertidos**

1. _____ hecho _____
2. _____ cubierto _____
3. _____ rotos _____
4. _____ abierta _____
5. _____ perdido _____
6. _____ acompañado _____
7. _____ dolido _____
8. _____ muerto _____

2 **Preguntas** It has been a very bad day. Answer each question using the cue. Repeat the correct response after the speaker.

> **modelo**
> *You hear:* ¿Dónde está el libro?
> *You see:* perder
> *You say:* **El libro está perdido.**

1. romper	3. divorciar	5. caer	7. abrir	9. vender
2. morir	4. gastar	6. comer	8. dañar	

3 **¿Cierto o falso?** Look at the drawing and listen to each statement. Indicate whether each statement is **cierto** or **falso**.

	Cierto	Falso
1.	○	⊘
2.	○	⊘
3.	○	⊘
4.	⊘	○
5.	○	⊘
6.	○	⊘

vocabulario

You will now hear the vocabulary found in your textbook on the last page of this lesson. Listen and repeat each Spanish word or phrase after the speaker.

Audio Activities

contextos

1 **Identificar** You will hear a series of words or phrases. Write the word or phrase that does not belong in each group.

1. _____ la droga _____   3. _____ engordar _____   5. _____ la grasa _____

2. _____ descafeinado _____   4. _____ apurarse _____   6. _____ disfrutar _____

2 **Describir** For each drawing, you will hear a brief description. Indicate whether it is **cierto** or **falso** according to what you see.

1. (Cierto)   Falso   2. Cierto   (Falso)

3. (Cierto)   Falso   4. (Cierto)   Falso

3 **A entrenarse** Listen as Marisela describes her new fitness program. Then list the activities she plans to do each day.

lunes: 6:00 clase de ejercicios aeróbicos

martes: correr con Fernando y Sandra

miércoles: 6:00 clase de ejercicios aeróbicos

jueves: correr con Fernando y Sandra

viernes: 7:00 hacer gimnasia con el entrenador

sábado: 6:00 clase de ejercicios aeróbicos

domingo: correr con Fernando y Sandra

Audio Activities

pronunciación

ch and p

In Spanish, **ch** is pronounced like the *ch* sound in *church* and *chair*.

Co**ch**abamba	no**che**	mo**ch**ila	mu**ch**acho	que**ch**ua

In English, the letter *p* at the beginning of a word is pronounced with a puff of air. In contrast, the Spanish **p** is pronounced without the puff of air. It is somewhat like the *p* sound in *spin*. To check your pronunciation, hold the palm of your hand in front of your mouth as you say the following words. If you are making the **p** sound correctly, you should not feel a puff of air.

La **P**az	**p**eso	**p**iscina	a**p**urarse	**p**roteína

1 **Práctica** Repeat each word after the speaker, focusing on the **ch** and **p** sounds.

1. archivo	4. lechuga	7. pie	10. chuleta
2. derecha	5. preocupado	8. cuerpo	11. champiñón
3. chau	6. operación	9. computadora	12. leche

2 **Oraciones** When you hear the number, read the corresponding sentence aloud. Then listen to the speaker and repeat the sentence.

1. A muchos chicos les gusta el chocolate.
2. Te prohibieron comer chuletas por el colesterol.
3. ¿Has comprado el champán para la fiesta?
4. Chela perdió el cheque antes de depositarlo.
5. Levanto pesas para perder peso.
6. ¿Me prestas el champú?

3 **Refranes** Repeat each saying after the speaker to practice the **ch** and **p** sounds.

1. Del dicho al hecho, hay mucho trecho. [1]
2. A perro flaco todo son pulgas. [2]

4 **Dictado** You will hear eight sentences. Each will be said twice. Listen carefully and write what you hear.

1. Anoche, Pancho y yo fuimos a ver una película.

2. Cuando volvíamos, chocamos con el coche de una señora de ochenta años.

3. Enseguida llegó la policía al lugar.

4. La señora estaba bien pero, por su edad, nos apuramos y llamamos a una ambulancia para ella.

5. Pancho sólo se lastimó la pierna y a mí me dolía la cabeza.

6. En la sala de emergencia en el hospital, nos dijeron que no teníamos ningún problema.

7. Por suerte, todo salió bien.

8. Bueno, Pancho se quedó sin coche por unos días, pero eso no es tan importante.

[1] *It's easier said than done.*   [2] *It never rains, but it pours.*

Audio Activities

estructura

6.1 The present perfect

1 **Identificar** Listen to each statement and mark an **X** in the column for the subject of the verb.

You hear: Nunca han hecho ejercicios aeróbicos.
You mark: an **X** under **ellos**.

	yo	tú	él/ella	nosotros/as	ellos
Modelo	____	____	____	____	X
1.	____	____	____	X	____
2.	____	____	X	____	____
3.	X	____	____	____	____
4.	____	X	____	____	____
5.	____	____	____	____	X
6.	____	____	X	____	____

2 **Transformar** Change each sentence you hear from the present indicative to the present perfect indicative. Repeat the correct answer after the speaker. (*8 items*)

Pedro y Ernesto salen del gimnasio.
Pedro y Ernesto han salido del gimnasio.

3 **Preguntas** Answer each question you hear using the cue. Repeat the correct response after the speaker.

You hear: ¿Ha adelgazado Miguel?
You see: sí / un poco
You say: Sí, Miguel ha adelgazado un poco.

1. sí	3. no	5. no
2. sí	4. sí	6. no / todavía

4 **Consejos de una amiga** Listen to this conversation between Eva and Manuel. Then choose the correct ending for each statement.

1. Ellos están hablando de…
   a. que fumar es malo.   b.) la salud de Manuel.   c. los problemas con sus clases.
2. Manuel dice que sufre presiones cuando…
   a.) tiene exámenes.   b. hace gimnasia.   c. no puede dormir y fuma mucho.
3. Eva dice que ella…
   a.) estudia durante el día.   b. ha estudiado poco.   c. también está nerviosa.
4. Eva le dice a Manuel que…
   a. deje de fumar.   b. estudie más.   c.) ellos pueden estudiar juntos.

6.2 The past perfect

1 **¿Lógico o ilógico?** You will hear some brief conversations. Indicate if they are **lógico** or **ilógico**.

1. Lógico (Ilógico) 3. (Lógico) Ilógico 5. Lógico (Ilógico)
2. Lógico (Ilógico) 4. (Lógico) Ilógico 6. (Lógico) Ilógico

2 **Transformar** Change each sentence you hear from the preterite to the past perfect indicative. Repeat the correct answer after the speaker. (*6 items*)

> modelo
> Marta nunca sufrió muchas presiones.
> Marta nunca **había sufrido** muchas presiones.

3 **Describir** Using the cues, describe what you and your friends had already done before your parents arrived for a visit. Repeat the correct answer after the speaker.

> modelo
> *You see:* preparar la cena
> *You hear:* mis amigas
> *You say:* Mis amigas ya **habían preparado** la cena.

1. limpiar el baño y la sala   3. sacudir los muebles   5. hacer las camas
2. sacar la basura   4. poner la mesa   6. darle de comer al gato

4 **Completar** Listen to this conversation and write the missing words. Then answer the questions.

JORGE ¡Hola, chico! Ayer vi a Carmen y no me lo podía creer. Me dijo que te

(1) _____había_____ (2) _____visto_____ en el gimnasio. ¡Tú, que siempre

(3) _____habías_____ (4) _____sido_____ tan sedentario! ¿Es cierto?

RUBÉN Pues, sí. (5) _____Había_____ (6) _____aumentado_____ mucho de peso y me dolían las rodillas. Hacía

dos años que el médico me (7) _____había_____ (8) _____dicho_____ que tenía que mantenerme

en forma. Y finalmente, hace cuatro meses, decidí hacer gimnasia casi todos los días.

JORGE Te felicito (*I congratulate you*), amigo. Yo también (9) _____he_____ (10) _____empezado_____

hace un año a hacer gimnasia. ¿Qué días vas? Quizás nos podemos encontrar allí.

RUBÉN (11) _____He_____ (12) _____ido_____ todos los días al salir del trabajo. ¿Y tú? ¿Vas con Carmen?

JORGE Siempre (13) _____habíamos_____ (14) _____ido_____ juntos hasta que compré mi propio carro.

Ahora voy cuando quiero. Pero la semana que viene voy a tratar de ir después del trabajo para

verte por allí.

15. ¿Por qué es extraño que Rubén esté en el gimnasio?
Es extraño porque (Rubén) siempre había sido (tan) sedentario.

16. ¿Qué le había dicho el médico a Rubén?
El médico le había dicho (a Rubén) que tenía que mantenerse en forma.

17. ¿Por qué no va Jorge con Carmen al gimnasio?
Jorge no va al gimnasio con Carmen porque compró/ha comprado su propio carro.

Audio Activities

6.3 The present perfect subjunctive

1 **Identificar** Listen to each sentence and decide whether you hear a verb in the present perfect indicative, the past perfect indicative, or the present perfect subjunctive.

1. (a.) present perfect   b. past perfect   c. present perfect subjunctive
2. a. present perfect   b. past perfect   (c.) present perfect subjunctive
3. a. present perfect   (b.) past perfect   c. present perfect subjunctive
4. a. present perfect   b. past perfect   (c.) present perfect subjunctive
5. (a.) present perfect   b. past perfect   c. present perfect subjunctive
6. a. present perfect   (b.) past perfect   c. present perfect subjunctive
7. a. present perfect   b. past perfect   (c.) present perfect subjunctive
8. (a.) present perfect   b. past perfect   c. present perfect subjunctive

2 **Completar** Complete each sentence you hear using the cue and the present perfect subjunctive. Repeat the correct response after the speaker.

> **modelo**
> *You see:* usted / llegar muy tarde
> *You hear:* Temo que...
> *You say:* Temo que usted haya llegado muy tarde.

1. ella / estar enferma
2. tú / dejar de fumar
3. ellos / salir de casa ya
4. nosotros / entrenarnos lo suficiente
5. él / ir al gimnasio
6. yo / casarme

3 **En el Gimnasio Cosmos** Listen to this conversation between Eduardo and a personal trainer, then complete the form.

```
GIMNASIO COSMOS
Tel. 52-9023
Datos del cliente
Nombre: Eduardo Sierra
Edad: 39 años

¿Cuándo fue la última vez que hizo ejercicio?
En 1997.

¿Qué tipo de vida ha llevado últimamente: activa o pasiva?
Vida pasiva

¿Consume alcohol?
Sí./Sí, un poco./Sí, menos que antes.

¿Fuma o ha fumado alguna vez?
Sí./Sí, ha dejado de fumar hace una semana.
```

vocabulario

You will now hear the vocabulary found in your textbook on the last page of this lesson. Listen and repeat each Spanish word or phrase after the speaker.

Audio Activities

contextos

Lección 7

1 **Identificar** Listen to each description and then complete the sentence by identifying the person's occupation.

> **modelo**
> *You hear:* La señora Ortiz enseña a los estudiantes. Ella es...
> *You write:* maestra.

1. _____abogado_____. 3. _____cocinero_____. 5. _____reportero_____.

2. _____peluquera_____. 4. __psicóloga/consejera__. 6. _____arqueóloga_____.

2 **Anuncios clasificados** Look at the ads and listen to each statement. Then decide if the statement is **cierto** or **falso**.

> **EMPRESA**
> **INTERNACIONAL**
> Busca
> **CONTADOR**
>
> *Requisitos:*
> • Tenga estudios de
>   administración de empresas
> • Hable español e inglés
>
> *Se ofrece:*
> • Horario flexible
> • Salario semanal de 700
>   córdobas
> • Posibilidades de ascenso
>
> Contacto: Sr. Flores
> Tel.: 492 2043

> **SE BUSCA DISEÑADOR**
> • Se ofrece un salario anual de 250.000
>   córdobas.
> • Excelentes beneficios
> • Debe tener cinco años de experiencia.
>
> Si está interesado, envíe currículum a
> **EMPRESA LÓPEZ**
> Fax: 342 2396

	Cierto	Falso		Cierto	Falso		Cierto	Falso
1.	◉	○	3.	○	◉	5.	◉	○
2.	○	◉	4.	◉	○	6.	○	◉

3 **Publicidad** Listen to this radio advertisement and answer the questions.

1. ¿Qué tipo de empresa es Mano a Obra?

   Es una empresa/agencia de trabajo/empleo.

2. ¿Qué hace esta empresa?

   Ayuda a los clientes a obtener/conseguir entrevistas y ofertas de empleo.

3. ¿Cuál es la ocupación del señor Mendoza?

   El señor Mendoza es electricista.

4. ¿Qué le va a dar la empresa al señor Mendoza en un año?

   La empresa le va a dar un aumento de sueldo.

5. ¿En qué profesiones se especializa (*specializes*) Mano a Obra?

   No se especializa en ninguna profesión. Tiene ofertas de empleo para todas las profesiones.

Audio Activities

pronunciación

Intonation

Intonation refers to the rise and fall in the pitch of a person's voice when speaking. Intonation patterns in Spanish are not the same as those in English, and they vary according to the type of sentence.

In normal statements, the pitch usually rises on the first stressed syllable.

A **mí** me ofrecieron un ascenso.   **Ca**da aspirante debe entregar una solicitud.

In exclamations, the pitch goes up on the first stressed syllable.

¡Oja**lá** venga!   ¡**Cla**ro que sí!

In questions with *yes* or *no* answers, the pitch rises to the highest level on the last stressed syllable.

¿Trajiste el cur**rí**culum?   ¿Es usted arqui**tec**to?

In questions that request information, the pitch is highest on the stressed syllable of the interrogative word.

¿**Cuán**do renunciaste al trabajo?   ¿**Cuál** es su número de teléfono?

1 **Práctica** Repeat each sentence after the speaker, imitating the intonation.

1. ¿Vas a venir a la reunión?   4. Estoy buscando un nuevo trabajo.
2. ¿Dónde trabajaba anteriormente?   5. Quiero cambiar de profesión.
3. ¡Qué difícil!   6. ¿Te interesa el puesto?

2 **Oraciones** When you hear the number, say the speaker's lines in this dialogue aloud. Then listen to the speaker and repeat the sentences.

1. **REPARTIDOR** (*DELIVERY MAN*) Trabajo para la Compañía de Transportes Alba. ¿Es usted el nuevo jefe?
2. **JEFE** Sí. ¿Qué desea?
3. **REPARTIDOR** Aquí le traigo los muebles de oficina. ¿Dónde quiere que ponga el escritorio?
4. **JEFE** Allí delante, debajo de la ventana. ¡Tenga cuidado! ¿Quiere romper la computadora?
5. **REPARTIDOR** ¡Perdón! Ya es tarde y estoy muy cansado.
6. **JEFE** Perdone usted, yo estoy muy nervioso. Hoy es mi primer día en el trabajo.

3 **Dictado** You will hear a phone conversation. Listen carefully and write what you hear during the pauses. The entire conversation will then be repeated so that you can check your work.

PACO ¡Aló! Deseo hablar con la gerente. _____

_____

ISABEL Lo siento. En este momento la señora Morales está en una reunión. ¿Puedo ayudarle en algo?

_____

PACO Creo que sí. ¿Sabe cuándo voy a poder hablar con ella? ¡Es importante!

_____

ISABEL La verdad es que no lo sé. Si quiere, puede llamar en una hora. ¿Quiere que le deje una nota?

_____

PACO Mire, no se preocupe. Vuelvo a llamar en una hora. Gracias.

_____

Audio Activities

estructura

7.1 The future

1 Identificar Listen to each sentence and mark an **X** in the column for the subject of the verb.

	yo	tú	ella	nosotros	ustedes
Modelo	X				
1.					X
2.			X		
3.	X				
4.		X			
5.				X	
6.	X				
7.			X		
8.					X

2 Cambiar Change each sentence you hear to the future tense. Repeat the correct answer after the speaker. (*8 items*)

3 Preguntas Answer each question you hear using the cue. Repeat the correct response after the speaker.

1. no / nada
2. el lunes por la mañana
3. Santo Domingo
4. esta noche
5. 2:00 de la tarde
6. sí
7. de periodista
8. la próxima semana

4 Nos mudamos Listen to this conversation between Fernando and Marisol. Then read the statements and decide whether they are **cierto** or **falso**.

	Cierto	Falso
1. Marisol y Emilio se mudarán a Granada.	O	⊘
2. Ellos saben cuándo se mudan.	O	⊘
3. Marisol y Emilio harán una excursión a la selva y las playas antes de que él empiece su nuevo trabajo.	⊘	O
4. Fernando no podrá visitarlos en Nicaragua en un futuro próximo.	⊘	O

Audio Activities

7.2 The future perfect

1 ¿**Lógico o ilógico?** You will hear some brief conversations. Indicate if they are **lógico** or **ilógico**.

	Lógico	Ilógico			Lógico	Ilógico
1.	○	⊘		5.	○	⊘
2.	⊘	○		6.	○	⊘
3.	⊘	○		7.	⊘	○
4.	⊘	○		8.	○	⊘

2 **Cambiar** Change each sentence from the future to the future perfect. Repeat the correct response after the speaker. (*8 items*)

> **modelo**
> Yo ganaré un millón de dólares.
> Yo habré ganado un millón de dólares.

3 **Preguntas** Look at the time line, which shows future events in Sofía's life, and answer each question you hear. Then repeat the correct response after the speaker. (*5 items*)

> **modelo**
> *You hear:* ¿Qué habrá hecho Sofía en el año 2020?
> *You see:* 2020 / graduarse
> *You say:* En el año 2020 Sofía se habrá graduado.

2020	2021	2025	2026	2029	2055
graduarse	encontrar trabajo	casarse	comprar casa	tener un hijo	jubilarse

4 **Planes futuros** Listen to this conversation between Germán and Vivian. Then choose the correct answer for each question.

1. ¿Qué va a pasar dentro de un mes?
   a. Se habrá acabado el semestre.
   b. Germán se habrá puesto nervioso.

2. ¿Qué habrá hecho el novio de Vivian?
   a. Se habrá ido de viaje.
   b. Habrá hecho las reservaciones.

3. Normalmente, ¿qué hace Germán durante las vacaciones?
   a. Él trabaja en la empresa de su familia.
   b. Él se va a Santo Domingo.

4. ¿Qué puesto habrá conseguido Germán dentro de dos años?
   a. Él será jefe de arquitectos.
   b. Él será gerente de un banco.

5. ¿Por qué dice Vivian que Germán no debe pensar tanto en el futuro?
   a. porque ahora necesita preocuparse por los exámenes
   b. porque en el futuro no tendrá tiempo para ir de vacaciones

Audio Activities

7.3 The past subjunctive

1 **Identificar** Listen to the following verbs. Mark **Sí** if the verb is in the past subjunctive and **No** if it is in another tense.

1. (Sí) No
2. Sí (No)
3. Sí (No)
4. (Sí) No
5. (Sí) No
6. Sí (No)
7. (Sí) No
8. Sí (No)
9. Sí (No)
10. (Sí) No
11. Sí (No)
12. (Sí) No

2 **Cambiar** Form a new sentence using the cue you hear. Repeat the correct answer after the speaker. (*8 items*)

> modelo
>
> Marisa quería que yo dejara el trabajo. (mi hermana)
> **Marisa quería que mi hermana dejara el trabajo.**

3 **Completar** Complete each phrase you hear using the cue and the past subjunctive. Repeat the correct response after the speaker.

> modelo
>
> *You hear:* Esperábamos que tú...
> *You see:* seguir otra carrera
> *You say:* **Esperábamos que tú siguieras otra carrera.**

1. ir a renunciar al puesto
2. darte el aumento
3. invertir en su empresa
4. saber la verdad
5. poner un anuncio en los periódicos
6. llegar temprano al trabajo
7. ofrecerles mejores beneficios
8. gastar menos dinero

4 **El mundo de los negocios** Listen to this conversation between two coworkers and answer the questions.

1. ¿Qué le pidió el jefe a Elisa cuando la llamó por teléfono? _____
   El jefe le pidió que fuera/viniera a su oficina.

2. ¿Qué le pidió el jefe a la empleada cuando entró (*entered*) a su oficina? _____
   Le pidió que cerrara la puerta y que se sentara.

3. ¿Qué le preguntó el jefe a Elisa? _____
   Le preguntó si quería renunciar a su puesto.

4. ¿Qué le contestó Elisa? _____
   Le dijo que no se preocupara porque ella quería cambiar de trabajo y tenía una oferta muy buena.

vocabulario

You will now hear the vocabulary found in your textbook on the last page of this lesson. Listen and repeat each Spanish word or phrase after the speaker.

Audio Activities

contextos

Lección 8

1 **Describir** For each drawing, you will hear a description. Decide whether it is **cierto** or **falso**.

1. (Cierto) Falso

2. Cierto (Falso)

3. (Cierto) Falso

4. Cierto (Falso)

5. (Cierto) Falso

6. Cierto (Falso)

2 **Identificar** You will hear four brief conversations. Choose the word from the list that identifies what they are talking about or where they are.

1. _____ f _____
2. _____ d _____
3. _____ a _____
4. _____ c _____

a. la orquesta
b. el poema
c. el tejido
d. la cerámica
e. los dibujos animados
f. el concurso

3 **La programación** Listen to this announcement about this afternoon's TV programs. Then answer the questions.

1. ¿Qué canal ofrece estos programas?
   El Canal 3 ofrece estos programas.

2. ¿Qué programa empieza a las cuatro de la tarde?
   Los dibujos animados empiezan a las cuatro de la tarde.

3. ¿Qué tipo de programa es *De tú a tú*?
   De tú a tú es un programa de entrevistas.

4. ¿Quién es Juan Muñoz?
   Juan Muñoz es un escritor famoso.

5. ¿Qué tipo de película es *Corazón roto*?
   Corazón roto es una película romántica.

Audio Activities

pronunciación

Syllabification

In Spanish, every syllable has only one vowel or diphthong. If a single consonant (including **ch**, **ll**, and **rr**) occurs between two vowels, the consonant begins a new syllable.

co-che   dra-ma   mu-si-cal   ma-qui-lla-je   pe-rro   to-car

When two strong vowels (**a, e, o**) occur together, they are separated into two syllables. Diphthongs are never divided into separate syllables unless there is a written accent mark on the **i** or **u**, which breaks the diphthong.

ar-te-sa-ní-a   ma-es-tro   his-to-ria   tra-ge-dia

If two consonants occur between vowels, they are divided into two syllables, except when the second consonant is **l** or **r**.

al-fom-bra   or-ques-ta   pu-bli-car   ro-mán-ti-co

If three or four consonants occur between vowels, they are separated into syllables between the second and third consonants unless one of the letters is followed by **l** or **r**.

e-jem-plo   ins-pec-tor   trans-por-te

1 **Práctica** Listen to the following words and divide each into syllables using slashes.

1. e s/c u l/p i r
2. c o n/c i e r/t o
3. i n s/t r u/m e n/t o
4. c o n/c u r/s o
5. e s/t r e/l l a
6. a/c a m/p a r
7. p r e/m i o
8. a/p l a u/d i r
9. b a i/l a/r í n
10. e x/t r a n/j e/r a
11. p o/e/s í/a
12. ó/p e/r a
13. a/b u/r r i r/s e
14. c a n/t a n/t e
15. e n/t r a/d a

2 **Refranes** Repeat each saying after the speaker.

1. De músico, poeta y loco, todos tenemos un poco. [1]
2. Tener más hambre que un maestro. [2]

3 **Dictado** You will hear a conversation. Listen carefully and write what you hear during the pauses. The entire conversation will then be repeated so that you can check your work.

RAMÓN ¡Celia! Date prisa que llegamos tarde. Siempre igual... Oye, ¿se puede saber qué estás haciendo ahora?

CELIA Tranquilo, Ramón, tranquilo... ¿Por qué estás tan nervioso? Todo va a ir bien.

RAMÓN Supongo que sí. Pero, venga, rápido. Quiero llegar antes que los otros músicos.

CELIA ¿Y para qué? ¿Para ponerte peor? Eres tan talentoso, pero siempre haces lo mismo el primer día de cada espectáculo. Mira, o vas al psicólogo para superar esos nervios o cambias de profesión.

RAMÓN Ah, sí, tienes razón. Mejor me relajo un poco antes de salir.

[1] We are all part musician, part poet, and part fool.   [2] To be as poor as a churchmouse.

estructura

8.1 The conditional

1 **Identificar** Listen to each sentence and decide whether you hear a verb in the future, the conditional, or the imperfect tense.

1. a. future   (b.) conditional   c. imperfect
2. (a.) future   b. conditional   c. imperfect
3. (a.) future   b. conditional   c. imperfect
4. a. future   b. conditional   (c.) imperfect
5. a. future   (b.) conditional   c. imperfect
6. (a.) future   b. conditional   c. imperfect
7. a. future   b. conditional   (c.) imperfect
8. a. future   (b.) conditional   c. imperfect
9. a. future   b. conditional   (c.) imperfect
10. a. future   (b.) conditional   c. imperfect

2 **Cambiar** Form a new sentence replacing the **iba a** + [*infinitive*] construction with the corresponding verb in the conditional. Repeat the correct answer after the speaker. (*6 items*)

> **modelo**
> Andrea dijo que iba a tocar el piano.
> *Andrea dijo que tocaría el piano.*

3 **Entrevista** You are considering taking a job as the director of a new soap opera, and a reporter wants to know what the new show would be like. Answer his questions using the cues. Then repeat the correct response after the speaker.

> **modelo**
> *You hear:* ¿Cómo se llamaría la telenovela?
> *You see:* Amor eterno
> *You say:* Se llamaría *Amor eterno.*

1. 23
2. San Salvador
3. romántica
4. Hispania y Univisión
5. Sí / muchísimo
6. $500.000

4 **Una exposición (A show)** Cristina is planning an exhibition for her art work. Listen to her ideas and then indicate whether the statements are **cierto** or **falso**.

	Cierto	Falso
1. La fiesta sería al aire libre.	○	⊘
2. Invitaría al director de una revista.	⊘	○
3. Sus amigos podrían llevar algo de comer y beber.	⊘	○
4. Sus compañeros de trabajo irían a la fiesta.	○	⊘
5. Presentaría las pinturas de su primo.	⊘	○
6. A Cristina le gustaría publicar un libro sobre su escultura.	○	⊘

Audio Activities

8.2 The conditional perfect

1 **Identificar** Listen to each statement and mark an **X** in the column for the subject of the verb.

> **modelo**
> *You hear:* Habrían preferido ir al concierto.
> *You mark:* an **X** under **ellos**.

	yo	tú	él	nosotros	ellos
Modelo	___	___	___	___	X
1.	___	X	___	___	___
2.	___	___	X	___	___
3.	___	___	___	X	___
4.	___	___	___	___	X
5.	___	X	___	___	___
6.	___	___	___	X	___

2 **¿Lógico o ilógico?** You will hear six brief conversations. Indicate if they are **lógico** or **ilógico**.

1. Lógico (Ilógico)
2. (Lógico) Ilógico
3. (Lógico) Ilógico
4. Lógico (Ilógico)
5. Lógico (Ilógico)
6. (Lógico) Ilógico

3 **¿Qué habría pasado?** Look at the program for an art conference that was canceled at the last minute and answer the questions you hear. Repeat the correct response after the speaker.

15F

VI CONFERENCIA ANUAL SOBRE EL ARTE

PROGRAMA DEL DÍA (Martes, 24)

10:00 Café y pasteles para todos.

10:15 Presentación de todos los artistas que participan en la conferencia.

Conferencias

10:30 El mundo de la televisión: el futuro de los canales públicos. Presentada por Marisa Monleón.

11:00 La artesanía: expresión cultural de los pueblos. Presentada por Roberto González.

11:30 El cuento hispanoamericano. Presentada por Mercedes Román.

12:00 Las canciones populares como formas poéticas. Presentada por Federico Martínez.

12:30 Las bellas artes en El Salvador. Presentada por Francisco Ruiz.

Espectáculos

4:00 Concierto de la Orquesta Tegucigalpa.

5:00 Lectura de poesía hondureña, por Renato Lafuente.

8.3 The past perfect subjunctive

1 **Identificar** Listen to each sentence and decide whether you hear a verb in the conditional, the conditional perfect, or the past perfect subjunctive tense in the subordinate clause.

1. a. conditional   (b.) conditional perfect   c. past perfect subjunctive
2. a. conditional   b. conditional perfect   (c.) past perfect subjunctive
3. a. conditional   (b.) conditional perfect   c. past perfect subjunctive
4. a. conditional   b. conditional perfect   (c.) past perfect subjunctive
5. (a.) conditional   b. conditional perfect   c. past perfect subjunctive
6. (a.) conditional   b. conditional perfect   c. past perfect subjunctive

2 **Escoger** You will hear some sentences with a beep in place of the verb. Decide which verb should complete each sentence and circle it.

> **modelo**
> You hear: Yo dudaba que él (*beep*) un buen actor.
> You circle: **hubiera sido** because the sentence is
> **Yo dudaba que él hubiera sido un buen actor.**

1. había vivido   (hubiera vivido)   5. (había empezado)   hubiera empezado
2. habíamos bailado   (hubiéramos bailado)   6. habías estado   (hubieras estado)
3. (había trabajado)   hubiera trabajado   7. había conocido   (hubiera conocido)
4. habías dicho   (hubieras dicho)   8. (había bebido)   hubiera bebido

3 **Cambiar** Say that you didn't believe what these people had done using the past perfect subjunctive and the cues you hear. Repeat the correct answer after the speaker. (*7 items*)

> **modelo**
> Martín / ver el documental
> No creía que Martín hubiera visto el documental.

4 **Hoy en el cine** Listen to this talk show and answer the questions.

1. ¿Creyó Olivia que Óscar había ido a la fiesta?
   No, Olivia no creyó que Óscar hubiera ido a la fiesta.

2. ¿Era cierto que Óscar había sido invitado a la fiesta?
   No era cierto que Óscar hubiera sido invitado a la fiesta.

3. ¿Creyó Óscar que José Santiago había hecho bien el papel de malo en *Acción final*?
   No, Óscar no creyó que José Santiago hubiera hecho bien el papel./No, Óscar creyó que José Santiago había hecho mal el papel.

4. ¿Cómo habría tenido más éxito la película *El profesor*?
   El profesor habría tenido más éxito si la hubieran puesto en más cines.

vocabulario

You will now hear the vocabulary found in your textbook on the last page of this lesson. Listen and repeat each Spanish word or phrase after the speaker.

Audio Activities

contextos

1   **Definiciones**   You will hear some definitions. Write the letter of the word being defined.

1. __f__   a. el terremoto
2. __c__   b. el impuesto
3. __e__   c. la tormenta
4. __g__   d. la paz
5. __b__   e. la guerra
6. __a__   f. el tornado
7. __h__   g. la encuesta
8. __d__   h. las noticias

2   **¿Lógico o ilógico?**   Listen to each news item and indicate if it is **lógico** or **ilógico**.

1.   Lógico   (Ilógico)   5.   Lógico   (Ilógico)
2.   (Lógico)   Ilógico   6.   Lógico   (Ilógico)
3.   (Lógico)   Ilógico   7.   (Lógico)   Ilógico
4.   (Lógico)   Ilógico

3   **Describir**   Look at the drawing and write the answer to each question you hear.

1. Se llama Emilio Herrera.

2. La locutora del Canal 4 está informando sobre el acontecimiento.

3. El candidato está dando un discurso.

4. El candidato quiere que los ciudadanos voten por él.

pronunciación

Review of word stress and accentuation

You have learned that an accent mark is required when a word ends in a vowel, **n** or **s**, and the stress does *not* fall on the next to last syllable.

pren-sa   ar-**tí**-cu-lo   ca-**fé**   hu-ra-**cán**   **pú**-bli-co

If a word ends in any consonant other than **n** or **s**, and the stress does *not* fall on the last syllable, it requires an accent mark.

de-**ber**   a-**zú**-car   **cés**-ped   **fá**-cil   **mó**-dem

Accent marks are also used in Spanish to distinguish the meaning of one word from another. This is especially important for verbs where the stress often determines the tense and person.

el (*the*)   él (*he*)   mi (*my*)   mí (*me*)   tu (*your*)   tú (*you*)

compro (*I buy*)   compró (*he bought*)   pague (Ud. *command*)   pagué (*I paid*)

1   **Práctica** Repeat each word after the speaker and add an accent mark where necessary.

1. contaminacion   contaminación
2. policia   policía
3. voto   *No accent mark is necessary.*
4. ejercito   ejército
5. declaro   declaró
6. dificil   difícil
7. rapido   rápido
8. sofa   sofá
9. todavia   todavía
10. opera   ópera
11. arbol   árbol
12. luche   luché

2   **Oraciones** When you hear the number, read the corresponding sentence aloud, focusing on the word stress. Then listen to the speaker and repeat the sentence.

1. Ramón Gómez informó ayer desde Radio Bolívar que había peligro de inundación cerca del río Paraná.
2. Él explicó que toda la población necesitaba prepararse para cualquier cosa (*anything*) que pudiera ocurrir.
3. El ejército, ayudado de la policía, recorrió la región e informó a todos del peligro.

3   **Refranes** Repeat each saying after the speaker to practice word stress.

1. Quien perseveró, alcanzó. [1]
2. A fácil perdón, frecuente ladrón. [2]

4   **Dictado** You will hear a conversation. Listen carefully and write what you hear during the pauses. The entire conversation will be repeated so that you can check your work.

MERCEDES Buenos días, Enrique.

ENRIQUE ¿Buenos días? ¿Es que no has leído el periódico?

MERCEDES ¿Qué ha pasado?

ENRIQUE Léelo tú misma. Abre la sección de actualidades: racismo, discriminación, violencia. No sé qué va a pasar con el mundo. Los medios de comunicación siempre traen malas noticias.

MERCEDES Enrique, últimamente estás preocupándote demasiado. Toda esa tensión que muestras es síntoma del estrés. Tienes que hacer más deporte.

[1] *He who perseveres, succeeds.*

[2] *Pardon one offense and you encourage many.*

estructura

9.1 Si clauses

1   **Escoger**   You will hear some incomplete sentences. Choose the correct ending for each sentence.

1. (a.) llovía mucho.   b. lloviera mucho.
2. a. te gustó algún candidato.   (b.) te hubiera gustado algún candidato.
3. (a.) podemos ir de vacaciones juntos.   b. pudiéramos ir de vacaciones juntos.
4. (a.) el conductor hubiera tenido cuidado.   b. el conductor habría tenido cuidado.
5. a. yo trabajaré con los pobres.   (b.) yo trabajaría con los pobres.
6. (a.) todos fuéramos ciudadanos responsables.   b. todos éramos ciudadanos responsables.
7. (a.) el presidente va a hablar esta tarde.   b. el presidente vaya a hablar esta tarde.
8. a. me lo pedirás.   (b.) me lo pidieras.
9. (a.) Eva sale con él.   b. Eva salga con él.
10. a. te habías comunicado con el dueño.   (b.) te hubieras comunicado con el dueño.

2   **Cambiar**   Change each sentence from the future to the conditional. Repeat the correct answer after the speaker. (6 *items*)

> **modelo**
> Carlos se informará si escucha la radio.
> *Carlos se informaría si escuchara la radio.*

3   **Preguntas**   Answer each question you hear using the cue. Repeat the correct response after the speaker.

> **modelo**
> *You hear:* ¿Qué harías si vieras un crimen?
> *You see:* llamar a la policía
> *You say:* Si yo viera un crimen, llamaría a la policía.

1. pedir un préstamo   3. buscar un trabajo nuevo   5. ir a Montevideo
2. ayudar a los pobres   4. quedarse en casa   6. hacer un viaje

4   **Un robo (*A break-in*)**   Alicia and Fermín's house was burglarized. Listen to their conversation and answer the questions.

1. Según (*According to*) Fermín, ¿qué habría pasado si hubieran cerrado la puerta con llave?
   Según Fermín, si hubieran cerrado la puerta con llave, no habrían entrado tan fácilmente.

2. Según Alicia, ¿qué habría pasado si hubieran cerrado la puerta con llave?
   Según Alicia, si hubieran cerrado la puerta con llave, habrían entrado por la ventana.

3. ¿Qué haría Alicia si Fermín y ella tuvieran suficiente dinero? Si tuvieran suficiente dinero, Alicia
   compraría una casa en un barrio menos peligroso./Alicia se mudaría a un barrio menos peligroso si Fermín y ella tuvieran suficiente dinero.

4. ¿Por qué se está poniendo nerviosa Alicia? Alicia se está poniendo nerviosa porque la policía no ha llegado
   y no quiere llegar tarde al trabajo./Alicia se está poniendo nerviosa porque si la policía no llega antes de las diez, ella va a llegar tarde al trabajo.

    Lección 9 Audio Activities   **157**

Audio Activities

9.2 Summary of the uses of the subjunctive

1 **Escoger** You will hear some incomplete sentences. Choose the correct ending for each sentence.

1. a. el terremoto había durado más de dos minutos.
   b. el terremoto durara más de dos minutos.

2. a. escribió sobre el incendio?
   b. escriba sobre el incendio?

3. a. no podían comunicarse con nosotros.
   b. no pudieran comunicarse con nosotros.

4. a. tenemos unos días de vacaciones.
   b. tengamos unos días de vacaciones.

5. a. los resultados de la encuesta están equivocados.
   b. los resultados de la encuesta estén equivocados.

6. a. ver el reportaje sobre el sexismo en los Estados Unidos.
   b. que ven el reportaje sobre el sexismo en los Estados Unidos.

7. a. te habrás enojado.
   b. te habrías enojado.

8. a. donde hay terremotos.
   b. donde haya habido terremotos.

2 **Transformar** Change each sentence you hear to the negative. Repeat the correct answer after the speaker. (*6 items*)

modelo
Creía que era muy peligroso.
No creía que fuera muy peligroso.

3 **Preguntas** Answer each question you hear using the cue. Repeat the correct response after the speaker.

modelo
You hear: ¿Qué te pidió el jefe?
You see: escribir los informes
You say: El jefe me pidió que escribiera los informes.

1. hacer una encuesta de los votantes (*voters*)
2. mañana
3. tener experiencia
4. no
5. algunas personas no poder votar
6. los trabajadores no declararse en huelga

4 **El noticiero** Listen to this newscast. Then read the statements and indicate whether they are **cierto** or **falso**.

	Cierto	Falso
1. Roberto Carmona habló de los impuestos en su discurso.	○	⊘
2. Nadie se sorprendió de que Carmona anunciara que no se presentaría a las elecciones.	○	⊘
3. Corre el rumor de que Carmona está enfermo.	⊘	○
4. Inés espera que el Partido Liberal encuentre otro candidato pronto.	⊘	○
5. Ella cree que es posible encontrar otro candidato en muy poco tiempo.	○	⊘

vocabulario

You will now hear the vocabulary found in your textbook on the last page of this lesson. Listen and repeat each Spanish word or phrase after the speaker.

escritura

Estrategia
Mastering the simple past tenses

In Spanish, when you write about events that occurred in the past, you will need to know when to use the preterite and when to use the imperfect tense. A good understanding of each tense will make it much easier to determine which one to use as you write.

Look at the summary of the uses of the preterite and the imperfect and write your own example sentence for each of the rules described.

Preterite vs. imperfect

Preterite
1. Actions viewed as completed

_____

_____

2. Beginning or end of past actions

_____

_____

3. Series of past actions

_____

_____

Imperfect
1. Ongoing past actions

_____

_____

2. Habitual past actions

_____

_____

3. Mental, physical, and emotional states and characteristics in the past

_____

_____

Get together with a few classmates to compare your example sentences. Then use these sentences and the chart as a guide to help you decide which tense to use as you are completing the following writing assignment.

Tema
Escribir una historia

Antes de escribir

1. Trabaja con un(a) compañero/a de clase para hablar de alguna experiencia que han tenido con una enfermedad, un accidente u otro problema médico. Tu historia puede ser real o imaginaria, y puede tratarse de un incidente divertido, humorístico o desastroso. Incluye todos los detalles relevantes. Consulta la lista de sugerencias con detalles que puedes incluir. Apunta tus ideas.

   ▶ Descripción del/de la paciente
     Nombre y apellidos
     Edad
     Características físicas
     Historial médico
   ▶ Descripción de los síntomas
     Enfermedades
     Accidente
     Problemas médicos
   ▶ Descripción del tratamiento (*treatment*)
     Tratamientos
     Recetas
     Operaciones

Writing Activities

2. Una vez que hayan hablado de sus experiencias, cada uno/a debe escoger una para elaborar en su historia escrita.

Analiza los elementos de tu historia, usando el siguiente diagrama para enfocarte en los usos del pretérito y del imperfecto. Establece una correlación entre algunos de los detalles (paciente, síntomas y tratamiento) y el uso del pretérito o del imperfecto. Escribe los detalles que se relacionan con el imperfecto en la sección IMPERFECTO. Escribe los detalles de las acciones pasadas en las líneas marcadas PRETÉRITO.

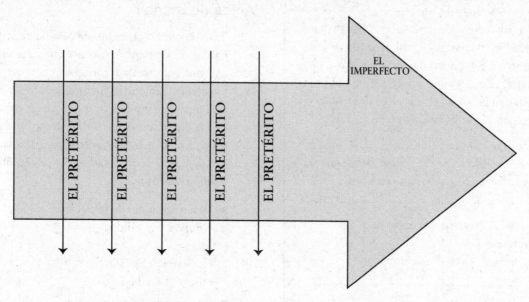

3. Después de completar el diagrama, intercámbialo con tu compañero/a. Túrnense para hablar de los dos diagramas. ¿Hay algo que cambiarías (*you would change*) en el diagrama de tu compañero/a? ¿Por qué?

Escribir

Usa el diagrama y escribe el borrador (*draft*) de tu historia. Escribe tres párrafos cortos: el primero trata del/de la paciente y cómo era antes de tener el problema. El segundo describe qué paso con respecto a la enfermedad, el accidente u otro problema médico. El tercero describe el tratamiento y como se resolvió el problema.

Después de escribir

1. Intercambia tu borrador con un(a) compañero/a de clase. Coméntalo y contesta estas preguntas.

   ► ¿Usó tu compañero/a formas del pretérito y del imperfecto correctamente, según las situaciones indicadas?

   ► ¿Escribió él/ella tres párrafos completos que corresponden a una descripción del/de la paciente, una del problema y una del tratamiento? ¿Incluyó él/ella la resolución del problema en el tercer párrafo?

   ► ¿Qué detalles añadirías (*would you add*)? ¿Cuáles quitarías (*would you delete*)? ¿Qué otros comentarios tienes para tu compañero/a?

2. Revisa tu historia según los comentarios de tu compañero/a. Después de escribir la versión final, léela otra vez para eliminar errores de:

   ► ortografía

   ► signos de puntuación

   ► concordancia entre sustantivos y adjetivos

   ► concordancia entre sujeto y verbo

   ► conjugación de verbos (formas, personas y tiempos)

escritura

Estrategia

Listing key words

Once you have determined a topic for a piece of writing, it is helpful to make a list of key words you can use while writing. If you were to write a description of your school and its grounds, for example, you would probably need a list of prepositions that describe location, such as **en frente de, al lado de,** and **detrás de.** Likewise, a list of descriptive adjectives would be useful to you if you were writing about the people and places of your childhood.

By preparing a list of potential words ahead of time, you will find it easier to avoid using the dictionary while writing your first draft. You will probably also learn a few new words in Spanish while preparing your list of key words.

Listing useful vocabulary is also a valuable organizational strategy, since the act of brainstorming key words will help you to form ideas about your topic. In addition, a list of key words can help you avoid redundancy while you write.

If you were going to help someone write an ad to sell his or her car, what words would be most helpful to you? Jot a few of them down and compare your list with a partner's. Did you choose the same words? Would you choose any different or additional words, based on what your partner wrote?

1. _____
2. _____
3. _____
4. _____
5. _____
6. _____

Tema

Escribir instrucciones

Antes de escribir

1. Vas a escribir un correo electrónico en el que le explicas a un(a) amigo/a argentino/a cómo crear un sitio web sobre películas estadounidenses. Vas a incluir tus sugerencias sobre qué información puede incluir y no incluir en su sitio web. Tu correo electrónico debe tener esta información:

   ▶ Una sugerencia para el nombre del sitio web
   ▶ Mandatos afirmativos para describir en detalle lo que tu amigo/a puede incluir en el sitio web
   ▶ Una lista de las películas estadounidenses más importantes de todos los tiempos (en tu opinión)
   ▶ Mandatos negativos para sugerirle a tu amigo/a qué información no debe incluirse en el sitio web

2. Una buena manera de crear una lista de palabras es hacer una red de palabras. Para cada una de las tres redes, escribe en las líneas varias palabras relacionadas con la frase del centro.

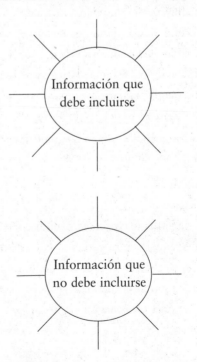

Información que debe incluirse

Información que no debe incluirse

Writing Activities

Películas
estadounidenses
más importantes

3. Después de completar las redes de palabras, intercambia tus respuestas con un(a) compañero/a de clase. Juntos/as, hagan una lista de todas las palabras que escribieron. Al final, pregúntense si hay otras que son necesarias para el correo electrónico. Si las hay, búsquenlas en el libro de texto o en un diccionario y añádanlas a la lista original.

Escribir

1. Usa la lista de palabras que tú y tu compañero/a de clase escribieron para escribir el correo electrónico sobre el sitio web.

2. No olvides de incluir toda la información necesaria:

   ▶ Una sugerencia para el nombre del sitio web
   ▶ Mandatos afirmativos sobre lo que tu amigo/a debe incluir en el sitio web
   ▶ Mandatos negativos sobre lo que tu amigo/a no debe incluir
   ▶ Una lista de películas estadounidenses importantes

Después de escribir

1. Intercambia tu borrador con el/la mismo/a compañero/a de clase. Coméntalo y contesta estas preguntas.

   ▶ ¿Incluyó tu compañero/a una sugerencia para el nombre del sitio web?
   ▶ ¿Escribió él/ella mandatos afirmativos sobre la información que debe incluirse en el sitio web?
   ▶ ¿Escribió él/ella mandatos negativos sobre la información que no debe incluirse?
   ▶ ¿Escribió él/ella una lista de películas estadounidenses importantes?
   ▶ ¿Usó él/ella palabras de la lista que escribieron?
   ▶ ¿Qué detalles añadirías (*would you add*)? ¿Cuáles quitarías (*would you delete*)? ¿Qué otros comentarios tienes para tu compañero/a?

2. Revisa tu narración según los comentarios de tu compañero/a. Después de escribir la versión final, léela otra vez para eliminar errores de:

   ▶ ortografía
   ▶ puntuación
   ▶ uso de letras mayúsculas y minúsculas
   ▶ concordancia entre sustantivos y adjetivos
   ▶ uso de verbos en el presente de indicativo
   ▶ uso de mandatos afirmativos
   ▶ uso de mandatos negativos

escritura

Lección 3

Estrategia
Using linking words

You can make your writing sound more sophisticated by using linking words to connect simple sentences or ideas and create more complex sentences. Consider these passages, which illustrate this effect.

Without linking words

En la actualidad el edificio tiene tres pisos. Los planos originales muestran una construcción de un piso con un gran patio en el centro. La restauración del palacio comenzó en el año 1922. Los trabajos fueron realizados por el arquitecto Villanueva-Myers y el pintor Roberto Lewis.

With linking words

En la actualidad el edificio tiene tres pisos pero los planos originales muestran una construcción de un piso con un gran patio en el centro. La restauración del palacio comenzó en el año 1922 y los trabajos fueron realizados por el arquitecto Villanueva-Myers y el pintor Roberto Lewis.

Linking words

cuando	*when*
mientras	*while*
o	*or*
pero	*but*
porque	*because*
pues	*since*
que	*that; who; which*
quien	*who*
sino	*but (rather)*
y	*and*

Tema
Escribir un contrato de arrendamiento

Antes de escribir

1. Imagina que eres el/la administrador(a) (*manager*) de un edificio de apartamentos. Tienes que preparar un contrato de arrendamiento (*lease*) para los nuevos inquilinos (*tenants*). El contrato debe incluir estos detalles.

    ▶ la dirección del apartamento y del/de la adminstrador(a)
    ▶ las fechas del contrato
    ▶ el precio del alquiler y el día que se debe pagar
    ▶ el precio del depósito
    ▶ información y reglas (*rules*) acerca de:
    la basura
    el correo
    los animales domésticos
    el ruido (*noise*)
    los servicios de electricidad y agua
    el uso de electrodomésticos
    ▶ otros aspectos importantes de la vida comunitaria

2. Antes de escribir, usa la información presentada anteriormente para completar el recuadro en la página 164 con oraciones completas. Debes inventar los detalles (el precio, las fechas, etc.). Sigue el modelo.

Writing Activities

Dirección	1. del apartamento *La dirección del apartamento es avenida de las Américas, número 174.* 2. del/de la administrador(a) *La dirección de la administradora es calle de la República, número 32.*
Fechas del contrato	1. día cuando empieza 2. día cuando termina
El alquiler	1. el precio 2. el día en que se debe pagar
El depósito	1. el precio 2. el día en que se debe pagar
Información y reglas	1. la basura 2. el correo 3. los animales domésticos
6. ¿...?	

3. Después de completar el recuadro, mira las oraciones que escribiste. ¿Es posible combinarlas usando palabras de la lista en la página 163? Mira este ejemplo:
La dirección del apartamento es avenida de las Américas, número 174 y la de la administradora es calle de la República, número 32.

4. Reescribe las oraciones que pudiste combinar.

Escribir

1. Usa las oraciones del recuadro junto con las que combinaste para escribir tu contrato de arrendamiento.

2. Mientras escribes, busca otras oportunidades para usar palabras de la lista para combinar tus oraciones.

3. Usa mandatos formales para indicar las reglas que los inquilinos deben seguir.

Después de escribir

1. Intercambia tu borrador con un(a) compañero/a de clase. Coméntalo y contesta estas preguntas.

   ▶ ¿Incluyó tu compañero/a toda la información del recuadro?

   ▶ ¿Usó él/ella palabras de la lista para combinar sus oraciones?

   ▶ ¿Usó él/ella mandatos formales afirmativos y negativos para indicar las reglas?

   ▶ ¿Qué detalles añadirías (*would you add*)? ¿Cuáles quitarías (*would you delete*)? ¿Qué otros comentarios tienes para tu compañero/a?

2. Revisa tu narración según los comentarios de tu compañero/a.

Writing Activities

escritura

Estrategia
Considering audience and purpose

Writing always has a specific purpose. During the planning stages, a writer must determine to whom he or she is directing the piece, and what he or she wants to express to the reader. Once you have defined both your audience and your purpose, you will be able to decide which genre, vocabulary, and grammatical structures will best serve your literary composition.

Let's say you want to share your thoughts on local traffic problems. Your audience can be either the local government or the community. You could choose to write a newspaper article, a letter to the editor, or a letter to the city's governing board. But first you should ask yourself these questions.

1. Are you going to comment on traffic problems in general, or are you going to point out several specific problems?

2. Are you simply intending to register a complaint?

3. Are you simply intending to inform others and increase public awareness of the problems?

4. Are you hoping to persuade others to adopt your point of view?

5. Are you hoping to inspire others to take concrete actions?

The answers to these questions will help you establish the purpose of your writing and determine your audience. Of course, your writing can have more than one purpose. For example, you may intend for your writing both to inform others of a position and inspire them to take action.

Tema
Escribir una carta o un artículo

Antes de escribir

1. Escoge uno de estos temas. Lee las tres descripciones y elige la que quieres elaborar en la forma de una carta a un(a) amigo/a, una carta a un periódico o un artículo para un periódico o una revista.

   ▶ Escribe sobre los programas que existen para proteger la naturaleza en tu comunidad. ¿Funcionan bien? ¿Participan todos los vecinos de tu comunidad en los programas? ¿Tienes dudas sobre el futuro del medio ambiente en tu comunidad?

   ▶ Describe uno de los atractivos naturales de tu región. ¿Te sientes optimista sobre el futuro de tu región? ¿Qué están haciendo el gobierno y los ciudadanos de tu región para proteger la naturaleza? ¿Es necesario hacer más?

   ▶ Escribe sobre algún programa para proteger el medio ambiente a nivel (level) nacional. ¿Es un programa del gobierno o de una empresa (business) privada? ¿Cómo funciona? ¿Quiénes participan? ¿Tienes dudas sobre el programa? ¿Crees que debe cambiarse o mejorarse? ¿Cómo?

2. Una vez que hayas elegido (you have chosen) el tema, analízalo usando el recuadro en la página 166. ¿Cómo influyen tu propósito (purpose) y tus lectores en la decisión del tipo de composición que escribes: una carta personal, una carta a un periódico o un artículo para un periódico o una revista?

Writing Activities

Tema:	
Propósito Marca todas las frases que describen tu propósito. _____ informar a los lectores _____ quejarse (*to complain*) _____ expresar tus sentimientos _____ examinar varios problemas o situaciones _____ persuadir a los lectores _____ examinar un solo problema o situación _____ inspirar a los lectores	**Lectores** Marca todas las frases que describen a tus lectores. _____ un(a) amigo/a (¿cómo es?) _____ los lectores de un periódico (¿cuál?) _____ los lectores de una revista (¿cuál?)
Describe tu propósito aquí.	**Describe a tus lectores aquí.**
Detalles sobre el tema que apoyan (*support*) tu propósito:	Palabras y expresiones para comunicarse con estos lectores:

3. Después de completar el recuadro e identificar el propósito y los lectores, decide qué tipo de composición vas a escribir.

Escribir

1. Usa la información del recuadro para escribir una carta o un artículo, según lo que decidiste anteriormente.

2. No olvides de incluir toda la información indicada en la descripción del tema que elegiste.

3. No olvides de usar formas del subjuntivo para persuadir, inspirar y expresar deseo, emoción o duda.

Después de escribir

1. Intercambia tu borrador con un(a) compañero/a de clase. Coméntalo y contesta estas preguntas.

   ▶ ¿Identificó tu compañero/a un propósito y un grupo de lectores específicos?

   ▶ ¿Muestra su composición claramente el propósito por el que la escribió?

   ▶ ¿Está su composición dirigida a un tipo específico de lector?

   ▶ ¿Incluyó él/ella toda la información indicada en la descripción del tema?

   ▶ ¿Usó él/ella formas del subjuntivo para expresar deseo, emoción y duda?

   ▶ ¿Qué detalles añadirías (*would you add*)? ¿Cuáles quitarías (*would you delete*)? ¿Qué otros comentarios tienes para tu compañero/a?

2. Revisa tu narración según los comentarios de tu compañero/a. Después de escribir la versión final, léela otra vez para eliminar errores de:

   ▶ ortografía y puntuación

   ▶ uso de letras mayúsculas y minúsculas

   ▶ concordancia entre sustantivos y adjetivos

   ▶ uso de verbos en el presente de indicativo

   ▶ uso de formas del subjuntivo con expresiones de deseo, emoción y duda

escritura

Lección 5

Estrategia
Avoiding redundancies

Redundancy is the needless repetition of words or ideas. To avoid redundancy with verbs and nouns, consult a Spanish-language thesaurus (**diccionario de sinónimos**).
You can also avoid redundancy by using object pronouns, possessive adjectives, demonstrative adjectives and pronouns, and relative pronouns. Remember that, in Spanish, subject pronouns are generally used only for clarification, emphasis, or contrast. Study the example below:

Redundant:
Aurelio quiere ver muchas cosas en la ciudad. Cuando va a la ciudad, quiere ver los museos. También quiere ver los centros comerciales. Además, quiere ver los parques. Aurelio tiene que preparar una descripción de los museos, centros comerciales y parques que ve en la ciudad. Como no tiene computadora, necesita usar la computadora de su amigo para escribir la descripción.

Improved:
Aurelio quiere ver muchas cosas en la ciudad, como los museos, centros comerciales y parques. Como tiene que preparar una descripción de todo lo que ve, necesita usar la computadora de su amigo para escribirla.

Tema
Escribir un correo electrónico

Antes de escribir

1. Imagina que vas a visitar a un(a) amigo/a que vive con su familia en una ciudad que no conoces, donde vas a pasar una semana. Quieres conocer la ciudad, pero también debes completar un trabajo para tu clase de literatura. Tienes que escribirle un correo electrónico a tu amigo/a describiendo lo que te interesa hacer en su ciudad y dándole sugerencias de actividades que pueden hacer juntos/as. También debes mencionar lo que necesitas para hacer tu trabajo de literatura. Puedes basarte en una visita real o imaginaria.

2. Tu correo electrónico debe incluir esta información:

   ▶ El nombre de la ciudad que vas a visitar
   ▶ Los lugares que más te interesa visitar
   ▶ Lo que necesitas para hacer tu trabajo: acceso a Internet, saber como llegar a la biblioteca pública, tiempo para estar solo/a, libros para consultar
   ▶ Mandatos de nosotros/as para sugerir las actividades que van a compartir

3. Anota tus ideas para cada una de las categorías mencionadas anteriormente.

   ▶ Ciudad: _____
   ▶ Lugares: _____
   _____
   _____
   ▶ Necesidades: _____
   _____
   _____
   ▶ Sugerencias para actividades: _____
   _____
   _____

Writing Activities

Escribir

1. Usa las ideas que anotaste para escribir tu correo electrónico. Debes incluir toda la información indicada anteriormente.

2. Escribe libremente, sin enfocarte demasiado en el estilo. Mientras escribes, concéntrate más en el contenido (*content*).

Después de escribir

1. Mira el borrador que escribiste. Ahora es el momento para revisarlo y buscar oportunidades para eliminar la repetición.

2. Haz un círculo alrededor de los sustantivos. ¿Es posible reemplazar las repeticiones con un pronombre de complemento directo? ¿Un pronombre relativo? Lee tu borrador otra vez y haz los cambios necesarios. Mira este modelo.

Pronombre de complemento directo:

Aurelio busca (una computadora y unos libros.) Necesita (una computadora y unos libros) para hacer su trabajo.

➤ *Aurelio busca una computadora y unos libros. Los necesita para hacer su trabajo.*

Pronombre relativo:

Aurelio le pregunta a (su amigo) si puede usar su computadora. (Su amigo) tiene muchos aparatos electrónicos.

➤ *Aurelio le pregunta a su amigo, quien tiene muchos aparatos electrónicos, si puede usar su computadora.*

3. Subraya otras palabras que se repiten para ver si puedes eliminar algunas.

Aurelio <u>quiere caminar por</u> los parques. También <u>quiere caminar por</u> el centro de la ciudad.

➤ *Aurelio quiere caminar por los parques y por el centro de la ciudad.*

4. Corrige los problemas de repetición que encontraste y escribe tu correo electrónico una vez más.

5. Intercambia tu borrador con un(a) compañero/a de clase. Coméntalo y contesta estas preguntas.

   ▶ ¿Incluyó tu compañero/a toda la información necesaria?

   ▶ ¿Eliminó él/ella la repetición quitando palabras redundantes y reescribiendo algunas de las oraciones?

   ▶ ¿Usó él/ella mandatos de nosotros/as para sugerir actividades que puede compartir con su amigo/a?

   ▶ ¿Qué detalles añadirías (*would you add*)? ¿Cuáles quitarías (*would you delete*)? ¿Qué otros comentarios tienes para tu compañero/a?

6. Revisa tu narración otra vez según los comentarios de tu compañero/a. Después de escribir la versión final, léela otra vez para eliminar errores de:

   ▶ ortografía

   ▶ puntuación

   ▶ uso de letras mayúsculas y minúsculas

   ▶ concordancia entre sustantivos y adjetivos

   ▶ uso de verbos en el presente de indicativo

   ▶ uso de mandatos de nosotros/as

Writing Activities

escritura

Estrategia
Organizing information logically

Many times a written piece may require you to include a great deal of information. You might want to organize your information in one of three different ways:

▶ chronologically (e.g., events in the history of a country)

▶ sequentially (e.g., steps in a recipe)

▶ in order of importance

Organizing your information beforehand will make both your writing and your message clearer to your readers. If you were writing a piece on weight reduction, for example, you would need to organize your ideas about two general areas: eating right and exercise. You would need to decide which of the two is more important according to your purpose in writing the piece. If your main idea is that eating right is the key to losing weight, you might want to start your piece with a discussion of good eating habits. You might want to discuss the following aspects of eating right in order of their importance:

▶ quantities of food

▶ selecting appropriate foods from the food pyramid

▶ healthy recipes

▶ percentage of fat in each meal

▶ calorie count

▶ percentage of carbohydrates in each meal

▶ frequency of meals

You would then complete the piece by following the same process to discuss the various aspects of the importance of getting exercise.

Tema
Escribir un plan personal de bienestar

Antes de escribir

1. Vas a desarrollar un plan personal para mejorar tu bienestar, tanto físico como emocional. Tu plan debe describir:

   ▶ lo que has hecho para mejorar tu bienestar y llevar una vida sana

   ▶ lo que no has podido hacer todavía

   ▶ las actividades que debes hacer en los próximos meses

2. Para cada una de las tres categorías del paso número uno, considera el papel que juegan la nutrición, el ejercicio y el estrés. Refiérete a estas preguntas para más ideas.

   La nutrición

   ▶ ¿Comes una dieta equilibrada?

   ▶ ¿Consumes suficientes vitaminas y minerales? ¿Consumes demasiada grasa?

   ▶ ¿Quieres aumentar de peso o adelgazar?

   ▶ ¿Qué puedes hacer para mejorar tu dieta?

   El ejercicio

   ▶ ¿Haces ejercicio? ¿Con qué frecuencia?

   ▶ ¿Vas al gimnasio? ¿Qué tipo de ejercicios haces allí?

   ▶ ¿Practicas algún deporte?

   ▶ ¿Qué puedes hacer para mejorar tu bienestar físico?

   El estrés

   ▶ ¿Sufres muchas presiones?

   ▶ ¿Qué actividades o problemas te causan estrés?

   ▶ ¿Qué haces (o debes hacer) para aliviar el estrés y sentirte más tranquilo/a?

   ▶ ¿Qué puedes hacer para mejorar tu bienestar emocional?

Writing Activities

3. Completa este recuadro para analizar la situación más detalladamente.

	Lo que has hecho	Lo que no has podido hacer	Lo que vas a hacer
la nutrición			
el ejercicio			
el estrés			

4. Ahora organiza tus ideas en orden de importancia. Completa la siguiente pirámide invertida con las tres categorías de nutrición, ejercicio y estrés. Pon la categoría más importante para ti en la parte de arriba de la pirámide y sigue de esta manera con las otras dos categorías.

5. Después, usa la información del recuadro del paso número tres para añadir detalles clave sobre cada categoría. Pon los detalles para cada categoría en orden de importancia también.

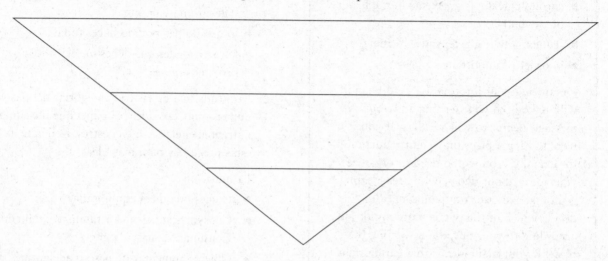

Escribir

1. Usa la información que escribiste en la pirámide invertida para escribir tu composición. Escribe un párrafo sobre cada una de las tres categorías de la pirámide.

2. Usa estas expresiones para indicar el nivel (*level*) de importancia de cada categoría.

Muy importante	Importante	Menos importante
Es muy importante...	También es importante...	No es tan importante...
Me importa mucho...	Me importa...	No me importa tanto...

3. Verifica el uso correcto del presente perfecto y de las formas comparativas.

Después de escribir

1. Intercambia tu borrador con un(a) compañero/a de clase. Coméntalo y contesta estas preguntas.

   ▶ ¿Incluyó tu compañero/a las tres categorías de información?

   ▶ ¿Estableció él/ella un orden claro de importancia entre las tres categorías?

   ▶ ¿Usó él/ella palabras de la lista para indicar el nivel de importancia?

   ▶ ¿Usó él/ella bien las formas del presente perfecto y las formas comparativas?

   ▶ ¿Qué detalles añadirías (*would you add*)? ¿Cuáles quitarías (*would you delete*)? ¿Qué otros comentarios tienes para tu compañero/a?

2. Revisa tu narración según los comentarios de tu compañero/a.

Writing Activities

escritura

Lección 7

Estrategia
Using note cards

Note cards serve as valuable study aids in many different contexts. When you write, note cards can help you organize and sequence the information you wish to present.

Let's say you are going to write a personal narrative about a trip you took. You would jot down notes about each part of the trip on a different note card. Then you could easily arrange them in chronological order or use a different organization, such as the best parts and the worst parts, traveling and staying, before and after, etc.

Here are some helpful techniques for using note cards to prepare for your writing:

▶ Label the top of each card with a general subject, such as **el avión** or **el hotel**.
▶ Number the cards in each subject category in the upper right corner to help you organize them.
▶ Use only the front side of each note card so that you can easily flip through them to find information.

Study the following example of a note card used to prepare a composition:

El hotel en Santo Domingo   4

Cuando llegamos al hotel, nuestra habitación no estaba lista. Pero el gerente del hotel nos permitió usar la piscina mientras esperábamos. ¡Lo pasamos muy bien!

Tema
Escribir una composición

Antes de escribir

1. Vas a escribir una composición sobre tus planes profesionales y personales para el futuro.

2. Debes organizar tus ideas usando fichas (*note cards*). Tendrás cinco categorías de ficha:

   (1) Lugar
   (2) Familia
   (3) Empleo
   (4) Finanzas
   (5) Metas (*goals*) profesionales

3. Para cada categoría, escribe tus ideas en las fichas. Usa una ficha para cada idea. Pon también el número de la categoría en la ficha.

4. Usa estas preguntas para pensar en ideas para tus fichas.

   (1) Lugar: ¿Dónde vivirás? ¿Vivirás en la misma ciudad siempre? ¿Te mudarás mucho?
   (2) Familia: ¿Te casarás? ¿Con quién? ¿Tendrás hijos? ¿Cuántos?
   (3) Empleo: ¿En qué profesión trabajarás? ¿Tendrás tu propia empresa?
   (4) Finanzas: ¿Ganarás mucho dinero? ¿Ahorrarás mucho dinero? ¿Lo invertirás?
   (5) Metas profesionales: ¿Qué habrás hecho para el año 2020? ¿Para el 2030? ¿Para el 2050?

Writing Activities

5. Mira este ejemplo de una ficha para la categoría número 1.

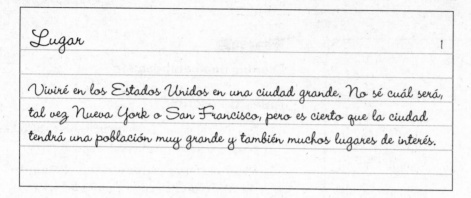

Lugar   1

Viviré en los Estados Unidos en una ciudad grande. No sé cuál será, tal vez Nueva York o San Francisco, pero es cierto que la ciudad tendrá una población muy grande y también muchos lugares de interés.

6. Después de anotar todas tus ideas en las fichas, organízalas según las cinco categorías. Ahora, cuando escribas tu composición, tendrás todas tus ideas listas.

Escribir

1. Usa las fichas para escribir tu composición. Escribe cinco párrafos cortos, usando cada categoría como tema de párrafo.

2. Verifica el uso correcto del tiempo futuro y del futuro perfecto mientras escribes.

Después de escribir

1. Intercambia tu borrador con un(a) compañero/a de clase. Coméntalo y contesta estas preguntas.

   ► ¿Incluyó tu compañero/a cinco párrafos que corresponden a las cinco categorías de información?

   ► ¿Contestó él/ella algunas de las preguntas de la lista que aparece en la sección Antes de escribir?

   ► ¿Usó él/ella bien las formas del futuro y del futuro perfecto?

   ► ¿Qué detalles añadirías (*would you add*)? ¿Cuáles quitarías (*would you delete*)? ¿Qué otros comentarios tienes para tu compañero/a?

2. Revisa tu narración según los comentarios de tu compañero/a. Después de escribir la versión final, léela otra vez para eliminar errores de:

   ► ortografía

   ► puntuación

   ► uso de letras mayúsculas y minúsculas

   ► concordancia entre sustantivos y adjetivos

   ► uso de verbos en el futuro y el futuro perfecto

   ► uso de **ser** y **estar**

escritura

Estrategia
Finding biographical information

Biographical information can be useful for a great variety of writing topics. Whether you are writing about a famous person, a period in history, or even a particular career or industry, you will be able to make your writing both more accurate and more interesting when you provide detailed information about the people who are related to your topic.

To research biographical information, you may wish to start with general reference sources, such as encyclopedias and periodicals. Additional background information on people can be found in biographies or in nonfiction books about the person's field or industry. For example, if you wanted to write about Jennifer López, you could find background information from periodicals, including magazine interviews and movie or concert reviews. You might also find information in books or articles related to contemporary film and music.

Biographical information may also be available on the Internet, and depending on your writing topic, you may even be able to conduct interviews to get the information you need. Make sure to confirm the reliability of your sources whenever your writing includes information about other people.

You might want to look for the following kinds of information:

► date of birth
► date of death
► childhood experiences
► education
► family life
► place of residence
► life-changing events
► personal and professional accomplishments

Tema
¿A quién te gustaría conocer?

Antes de escribir

1. Vas a escribir una composición sobre una cena imaginaria en tu casa. Imagina que puedes invitar a cinco personas famosas a cenar contigo. ¿A quiénes invitarías? Pueden ser de cualquier (*any*) época de la historia y de cualquier profesión. Aquí están algunas categorías para ayudarte a seleccionar a las cinco personas:

► el arte   ► las ciencias
► la música   ► la historia
► el cine   ► la política

Writing Activities

2. Una vez que hayas seleccionado a los/las cinco invitados/as, debes hacer una pequeña investigación sobre cada uno/a. Completa el siguiente recuadro con los datos biográficos indicados.

	Persona 1	Persona 2	Persona 3	Persona 4	Persona 5
Fechas de nacimiento y muerte					
Experiencias de la niñez (*childhood*)					
Educación					
La vida en familia					
Lugar de residencia					
Eventos importantes de su vida					
Logros (*Accomplishments*) personales y profesionales					

Escribir

1. Ahora escribe una descripción de la cena. Mientras escribes, contesta estas preguntas.

   ▶ ¿Por qué invitarías a cada persona?

   ▶ ¿Qué le preguntarías a cada invitado/a?

   ▶ ¿Qué dirías y harías tú durante la cena?

   ▶ ¿De qué hablarían los/las invitados/as? ¿Qué tendrían en común?

2. Verifica el uso correcto del condicional.

Después de escribir

1. Intercambia tu borrador con un(a) compañero/a de clase. Coméntalo y contesta estas preguntas.

   ▶ Al escribir su composición, ¿contestó tu compañero/a las cuatro preguntas indicadas anteriormente?

   ▶ ¿Describió él/ella la cena detalladamente?

   ▶ ¿Usó él/ella bien las formas del condicional?

   ▶ ¿Qué detalles añadirías (*would you add*)? ¿Cuáles quitarías (*would you delete*)? ¿Qué otros comentarios tienes para tu compañero/a?

2. Revisa tu narración según los comentarios de tu compañero/a. Después de escribir la versión final, léela otra vez para eliminar errores de:

   ▶ ortografía y puntuación

   ▶ uso de letras mayúsculas y minúsculas

   ▶ concordancia entre sustantivos y adjetivos

   ▶ uso de verbos en el condicional

   ▶ uso de ser y estar

Writing Activities

escritura

Estrategia
Writing strong introductions and conclusions

Introductions and conclusions serve a similar purpose: both are intended to focus the reader's attention on the topic being covered. The introduction presents a brief preview of the topic. In addition, it informs your reader of the important points that will be covered in the body of your writing. The conclusion reaffirms those points and concisely sums up the information that has been provided. A compelling fact or statistic, a humorous anecdote, or a question directed to the reader are all interesting ways to begin or end your writing.

For example, if you were writing a report on what you consider to be the world's biggest problem, you might begin an essay on world hunger with the fact that more than 850 million people in the world are hungry. The rest of your introductory paragraph would outline the areas you would cover in the body of your paper, such as why world hunger exists, where it is worst, and what people around the world can do to help. In your conclusion, you would sum up the most important information in the report and tie this information together in a way that would make your reader want to learn even more about the topic. You could write, for example: "While ending world hunger remains one of the biggest challenges facing our society today, there are a number of things that each individual can do that will make a significant difference."

Introducciones y conclusiones

Trabajen en parejas para escribir una oración de introducción y otra de conclusión sobre este tema: la obligación de una sociedad de cuidar a todos sus miembros.

Tema
Escribir una composición

Antes de escribir

1. Vas a escribir una composición sobre este tema: Si tuvieras la oportunidad, ¿qué harías para mejorar el mundo? ¿Qué cambios harías en el mundo si tuvieras el poder (*power*) y los recursos necesarios? ¿Qué podrías hacer ahora y qué podrías hacer en el futuro? También debes considerar estas preguntas:

   ▶ ¿Pondrías fin a todas las guerras? ¿Cómo?

   ▶ ¿Protegerías el medio ambiente? ¿Cómo?

   ▶ ¿Promoverías (*Would you promote*) la igualdad y eliminarías el sexismo y el racismo? ¿Cómo?

   ▶ ¿Eliminarías la corrupción en la política? ¿Cómo?

   ▶ ¿Eliminarías la escasez de viviendas (*homelessness*) y el hambre?

   ▶ ¿Promoverías tu causa en los medios de comunicación? ¿Cómo?

   ▶ ¿Te dedicarías a alguna causa específica dentro de tu comunidad? ¿Cuál?

   ▶ ¿Te dedicarías a solucionar problemas nacionales o internacionales? ¿Cuáles?

2. Escribe una lista de tres cambios que harías, usando la lista de preguntas como guía.

3. Organiza tus ideas para escribir una composición de cinco párrafos: una introducción, una parte central de tres párrafos (un párrafo para cada cambio que harías) y una conclusión.

Writing Activities

Escribir

1. Usa tus ideas de la sección anterior para escribir tu composición.

2. Verifica el uso correcto del condicional y del imperfecto del subjuntivo.

Después de escribir

1. Para asegurarte (*ensure*) de que tienes una introducción y una conclusión bien desarrolladas, usa el siguiente diagrama de Venn para compararlas. Estas dos secciones deben contener la misma información sobre las tres ideas centrales de tu composición, pero también deben tener otra información e ideas diferentes. (Refiérete a la estrategia otra vez si es necesario.)

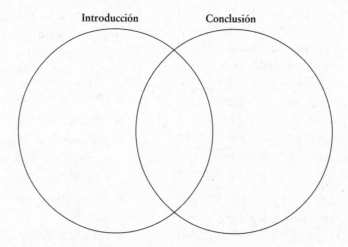

Introducción   Conclusión

2. Una vez que hayas completado el diagrama, decide si necesitas revisar tu introducción y conclusión para hacerlas más eficaces. Haz las revisiones que te parezcan necesarias.

3. Ahora intercambia tu borrador con un(a) compañero/a de clase. Coméntalo y contesta estas preguntas.

   ▶ ¿Incluyó tu compañero/a una introducción bien desarrollada?

   ▶ ¿Escribió él/ella tres párrafos sobre tres cambios que haría?

   ▶ ¿Incluyó él/ella una conclusión bien desarrollada y relacionada a la introducción, pero que también contiene una idea o información nueva?

   ▶ ¿Usó él/ella bien las formas del condicional?

   ▶ ¿Usó él/ella bien las formas del imperfecto del subjuntivo?

   ▶ ¿Qué detalles añadirías (*would you add*)? ¿Cuáles quitarías (*would you delete*)? ¿Qué otros comentarios tienes para tu compañero/a?

4. Revisa tu narración según los comentarios de tu compañero/a. Después de escribir la versión final, léela otra vez para eliminar errores de:

   ▶ ortografía

   ▶ puntuación

   ▶ uso de letras mayúsculas y minúsculas

   ▶ concordancia entre sustantivos y adjetivos

   ▶ uso del condicional

   ▶ uso del imperfecto del subjuntivo

   ▶ uso de **ser** y **estar**

Writing Activities

Credits

Every effort has been made to trace the copyright holders of the works published herein. If proper copyright acknowledgment has not been made, please contact the publisher and we will correct the information in future printings.